Entrer dans la zone réglementée

Richard Steven Willoughby

Éditions Traducteurs du Roi

Publié en partenariat avec :
Coopérative de littérature française

Cet ouvrage est la traduction française du livre
Entering the Restricted Zone de Richard Steven Willoughby.

Traduction : Anne Marie Van den Berg
pour Purpose Institute

Révision : Lucienne Badji, Lylas de Souza, Liane Grant,
Elisabetta Long et Sharon Ritchie

Mise en page : Jonathan Grant

Publié par les Traducteurs du Roi, une filiale de
Mission Montréal – 544 Mauricien, Trois-Rivières
(Québec) Canada G9B 1S1
www.TraducteursduRoi.com

Sauf indication contraire, les textes bibliques sont tirés de la version Louis Segond, Nouvelle Édition de Genève 1979.

ISBN 978-2-924148-16-7
Dépôt légal – Bibliothèque et Archives nationales
du Québec, 2017.
Dépôt légal – Bibliothèque et Archives Canada, 2017.

Remerciements

Merci à Purpose Institute,
qui a commandité cette traduction.

Dédié avec tendresse à la mémoire de mon épouse, Barbara Ann Willoughby

Barbara, tu m'as poussé, tiraillé, encouragé, et au meilleur sens du terme, tu m'as poussé de plusieurs façons pour que je m'améliore dans tant de domaines. Ce livre n'aurait jamais été écrit si tu ne m'avais pas encouragé avec amour. Un de nos amis intimes m'a remis ceci après ton décès, et c'est une exacte description de ce que je pense de notre vie ensemble :

« Un jour, on a demandé à un mari en deuil comment il allait. Il a répondu : 'Quand je pense à ce que j'ai perdu, je ne peux pas supporter ma peine ; quand je pense à ce que j'ai eu, je n'arrive pas à décrire ma joie' ».

Remarque de l'auteur

Quelques semaines avant l'impression de la version anglaise de ce livre, Barbara Ann Willoughby a triomphé du cancer et a été recueillie dans les bras de son Sauveur, le 21 août 2009, à 23 h 15. Quelques heures avant son décès, plusieurs dirigeants d'église et des membres de la famille se sont rassemblés autour de son lit et ont chanté un de ses chants préférés, *God is the strength of my heart* (« *Dieu est le rocher de mon cœur* »). L'Esprit admirable de Dieu, l'Esprit de paix et d'amour a rempli le lieu pendant que nous chantions ensemble en signe d'adoration.

Rien ne peut ébranler ma confiance en l'amour de Dieu.

Remarque de la rédactrice :

Le 8 février 2013, Richard Steven Willoughby nous a quittés et a été accueilli dans les bras d'amour de Jésus.

« Les assoiffés qui périssent dans un désert spirituel vide et aride sont vivifiés lorsqu'ils boivent de cette eau s'écoulant du rocher de l'âme d'un homme qui a creusé inlassablement dans les territoires inconnus de l'Esprit de Dieu. Les âmes innombrables (moi y compris) qui ont bu aux courants d'eau jaillissant de l'audace de Steve Willoughby et de son amour pour la vérité ne peuvent qu'être transformées à jamais. Il met la puissance de Dieu à votre disposition, c'est à vous de vous en approprier, et vous ne serez plus jamais la même personne ! Steve Willoughby, un apôtre de notre époque, a ouvert les portes du réveil dans son Asie bien-aimée, à l'échelle de celui survenu dans le livre des Actes. Le courant d'eau de sa vie s'est transformé en un fleuve qui continuera de s'écouler jusqu'au son de la trompette. Je suis honoré d'avoir creusé avec lui et bu de cette eau qui s'écoulait de son âme. J'ai été transformé. »

Lee Stoneking, évangéliste international

Introduction

Pendant que j'essayais de décider dans quelle ville aller pour notre premier poste à l'étranger, on m'a demandé de repérer plusieurs grandes villes dans le sud-est de l'Asie. Parmi elles, une ville ressortait comme un joyau de la constellation. Singapour était le choix évident. Ainsi a commencé mon périple vers la zone réglementée.

Ce petit bout de terre qui sort sa pointe en plein milieu de milliers d'îles de l'archipel malais n'est rien d'autre qu'un miracle. C'est une parcelle industrielle à la pointe de la technologie et de la modernisation qui dispose de tout ce qu'il y a de meilleur, allant des transports aux communications. Elle est la quintessence de la structure et de la planification : tout est calculé et prévu, rien n'est laissé au hasard. Une méthode calculée est mise en place pour éviter la folie des problèmes tels que le surpeuplement, les bidonvilles, la pollution, et les embouteillages qui empoisonnent un grand nombre d'autres villes dans la région.

Une partie de cette méthode calculée qui s'est avérée un si grand succès est la région du *CBD* (*Central Business District*). Le *CBD* est le quartier central des affaires. Tel que son nom semble l'indiquer, il comprend le cœur et le pouls de la ville. C'est la cour des « grands ». À tous les coins d'accès à ce centre il y a des portiques, des panneaux, pour signaler l'entrée dans la zone réglementée.

Pourquoi le *CBD* est-il une zone réglementée ? Dans le but de limiter la circulation et les embouteillages, le gouvernement a imposé un péage à ceux qui veulent entrer dans cette zone. Il y a deux tarifs en vigueur. Le tarif est plus élevé aux heures de grande affluence qu'aux heures creuses. Mais il ne faut pas se faire d'illusion. Tout le monde paie pour faire des affaires dans la zone réglementée.

Alors que certains paient pour y entrer, plusieurs choisissent d'éviter le secteur. Pourquoi ? Parce qu'ils ne sont pas prêts à en payer le coût.

Cependant, dès que, au-dessus de chaque portique de la zone réglementée, les mots « en service » sur les enseignes aux néons écarlates s'éteignent, annonçant la fin du péage, des milliers de gens inondent le *CBD*. Et ils commencent à faire les magasins opulents et luxueux de toutes les grandes marques jusqu'à l'épuisement. Les restaurants du centre-ville flattent les palais dans les corridors du paradis de la gastronomie avec toutes sortes de menus imaginables.

C'est sûr qu'ils ont évité le péage, mais ils ont aussi manqué la fusion de plusieurs milliards de dollars. Non seulement les lumières de la zone réglementée se sont éteintes, mais aussi toutes celles des salles de conseil des entreprises. Toutes les banques sont fermées dans le quartier financier de la haute technologie. Les cris de la bourse de Singapour se sont tus. Le marteau dans le hall du Parlement est silencieux.

Ils sont arrivés mesquins et ont évité le péage, *mais ils ont aussi raté le plus important.*

Voyez-vous, c'est dans la zone réglementée que sont négociées les bonnes affaires qui maintiennent Singapour en plein centre du progrès. C'est dans la zone réglementée que sont adoptées les lois qui affectent la vie de chaque citoyen et visiteur de la ville du Lion. C'est dans la zone réglementée que les architectes de la prospérité exercent leur magie. C'est de la zone réglementée que viennent les notes d'opéras et de symphonies qui flottent dans l'air du soir. Et c'est dans la zone réglementée qu'ont lieu les conventions et les conférences qui équipent et donnent aux gens les moyens d'avancer au niveau supérieur.

Tout ce qui compte vraiment se passe dans la zone réglementée.

Le fait est que toute personne, à Singapour, qui veut remuer les choses et les faire avancer doit se rendre dans la zone réglementée. Mais n'oubliez pas, il y a un coût !

Il y a un prix à payer, chaque jour. Cette zone est ouverte à n'importe qui, mais on n'y entre pas gratuitement.

Clignotant sur le portique qui surplombe l'entrée du plus grand réveil que le monde n'ait jamais connu, se trouvent des néons de couleur vive qui proclament que la zone réglementée est *en service*. Il y a une invitation ouverte à chacun d'entrer dans la salle du trône de la gloire de Dieu, mais il faut payer pour y entrer.

Dans ces derniers jours, être disciple de Christ nous permet de vivre la plus grande joie et satisfaction possible dans toute l'histoire de l'humanité. La puissance, la présence, et le privilège de Dieu sont à notre portée, mais ce n'est pas gratuit.

Plusieurs veulent la puissance sans se laisser d'abord modeler et façonner. Quelqu'un a dit que la grâce est gratuite, mais elle n'est pas bon marché. Il en est de même pour entrer dans la zone réglementée : ce n'est pas bon marché.

La zone réglementée exige un prix au quotidien. Jésus a dit aux courageux : « Si quelqu'un veut venir après moi, qu'il renonce à lui-même, qu'il se charge *chaque jour* de sa croix et qu'il me suive. » (Luc 9 : 23, l'emphase en italiques a été ajoutée).

Chaque jour, quand vous entrez dans cette zone, il y a un prix à payer. Chaque jour, il faut se dévouer. Une fois à l'intérieur, vous entendrez beaucoup de phrases qui font peur, comme porter sa croix, payer le prix, et des mots tels que sacrifice et engagement. Mais, ne les laissez pas vous effrayer. Ce péage élimine les croyants saisonniers et les amateurs. Cela vous prendra du temps et cela vous coûtera quelque chose. Néanmoins, pour ceux qui comprennent la puissance et l'occasion favorable qui représente le travail dans la zone réglementée de Dieu, il n'y aura pas d'hésitation. Pour l'homme d'affaires spirituel et sérieux, aucun prix n'est trop grand pour entrer dans la salle du trône où tout se passe. Les judicieux savent que les meilleures leçons ne sont pas gratuites et que certaines affaires ne peuvent être menées sans payer un prix. J'ai appris beaucoup de leçons dans la zone réglementée. Dans les chapitres suivants, je vous montrerai quelques-unes des leçons que le Seigneur m'a enseignées.

Donc, si le prix à payer ne vous fait pas peur, venez et suivez-moi. Je vous donne rendez-vous dans la zone réglementée. Je vous promets que cela en vaut la peine. Vous vous y plairez. C'est là que l'action se déroule.

Chapitre 1
L'adoration vous met en valeur aux yeux de Dieu et des hommes

Parmi les leçons que j'ai apprises dans la zone réglementée, celle qui a le plus changé et transformé ma vie, c'est l'adoration. Quand j'étais jeune, je laissais toujours mes émotions dicter mon adoration. Je pensais que les Écritures sur l'adoration n'étaient que des suggestions sur la façon d'adorer Dieu, et qu'elles étaient applicables en fonction de notre personnalité. Eh bien, tout cela allait changer dans la zone réglementée.

En 1996, j'ai participé à ma première croisade à Wara. C'était ma première fois en Éthiopie. En fait, c'était ma première fois en Afrique. J'avais été agréablement surpris lorsque Billy Cole, dirigeant de ces croisades à Wara, m'avait invité à y participer. L'obtention du visa de séjour et des vols avait été une expérience tourbillonnante, qui avait nécessité quelques miracles. C'est pourquoi quand tout était enfin prêt, j'étais convaincu que c'était la volonté de Dieu que j'y aille.

On prévoyait que cette campagne, en particulier, allait être l'un des plus grands rassemblements de chrétiens au monde. Au cours des croisades précédentes, l'Esprit avait été abondamment répandu, et de nombreux miracles s'étaient produits.

Je respirais à peine pendant que l'autobus grimpait la colline qui nous élevait au-dessus de la plaine où les gens se rassemblaient. À quelques kilomètres de l'emplacement de la croisade, je pouvais déjà apercevoir le panorama de la plaine. À certains endroits, on aurait dit des ruisseaux de fourmis ouvrières, tandis qu'à d'autres endroits, on aurait dit que c'étaient des torrents de fourmis qui convergeaient vers des fourmilières aux dômes blancs. Sauf que ce n'étaient pas des fourmis. C'étaient des gens. Et les fourmilières n'étaient pas faites en terre, mais c'étaient de grandes tentes blanches qui servaient d'abri à des centaines de gens contre la chaleur torride du soleil. Ces tentes me faisaient penser à celles des campements de Bédouins que j'avais vus en photos.

La croisade allait se faire au milieu de nulle part. Littéralement. Le village le plus proche se trouvait au moins à une quinzaine de kilomètres de là, et la ville la plus proche à environ une heure. Je restais bouche bée tellement j'étais émerveillé. Je ne pouvais pas m'empêcher de penser que c'était pareil dans la Bible, quand les foules venaient de Jérusalem pour voir Jean dans le désert.

C'était la chose la plus fantastique que je n'ai jamais vue. En plus des milliers de gens qui marchaient, il y avait un mélange de vieilles voitures, d'autobus et de camions délabrés, en pleine manœuvre pour décharger leurs foules de passagers. Notre autobus avançait au pas avec diligence et précaution dans la multitude, puis s'est arrêté brutalement, à une distance d'environ 150 mètres de la plate-forme où nous devions nous asseoir.

Les quelques 40 paires d'yeux qui étaient dans notre bus ont alors plongé leur regard dans l'océan luisant et éblouissant d'environ 800 000 yeux. Sur commande, la portière s'est ouverte. Les voix d'une chorale de 800 membres qui avaient été préalablement réprimées ont atteint nos oreilles en cascade. Notre groupe s'alignait pour descendre de l'autobus. Quant à moi, je suis resté cloué à mon siège pendant quelques instants. J'observais, presque dans un état de transe, la chorale et la foule en train d'adorer, chanter, et danser.

La chorale jouait la partie où Moïse séparait la mer Rouge. Deux colonnes de 400 membres ouvraient la voie pour que l'équipe de la croisade se dirige vers la plate-forme. À l'intérieur de cette voie se tenaient des huissiers en uniforme, chacun avait un bandeau aux bras et était armé d'un martinet. C'étaient des videurs apostoliques dont la tâche consistait à repousser la foule envahissante si elle commençait à s'approcher des chanteurs dans l'espoir de toucher un des membres de la croisade.

C'était la première fois que j'entendais parler l'amharique, la langue officielle de l'Éthiopie. Pour moi, à cet endroit, à cet instant, c'était comme la langue des anges. Le dirigeant de la croisade nous a dit que les chants, les danses et l'adoration avaient commencé environ deux heures avant notre arrivée. Il était maintenant environ neuf heures du matin.

J'ai décidé d'être le dernier à descendre du bus. Alors que je regardais cette adoration stupéfiante et joyeuse, j'ai commencé à avoir comme des retours en arrière à l'époque biblique. Ceci ressemble aux réjouissances qui ont eu lieu quand David a fait entrer l'arche à Jérusalem, ou quand Jésus a fait son entrée triomphale à Jérusalem.

L'équipe défilait soigneusement parmi les choristes dansants vêtus de leur tenue de chorale. Il faisait déjà terriblement chaud, mais voilà qu'ils n'arrêtaient pas de sauter, de tourner et de bondir au rythme africain. Poussé par un profond désir dans mon esprit, je suis sorti du rang et je suis resté environ dix pas en arrière du reste de l'équipe.

Émerveillé et fasciné par la plus magnifique scène d'adoration que je n'aie jamais vue, j'ai eu le sentiment que simplement observer et apprécier leurs efforts n'était pas suffisant. Ce que je voyais exigeait la participation. Peut-être n'était-ce que ma propre opinion, mais j'avais l'impression que, si je marchais parmi cette foule chaleureuse en hochant la tête dignement en signe d'approbation, je me rendais coupable de laisser entendre que j'étais supérieur à eux, et en quelque sorte j'usurpais la louange de Jésus.

Il fallait que je fasse quelque chose. Il fallait que je danse.

Il fallait que je danse comme eux. Je n'étais pas obligé, mais j'en avais tellement envie. Je voulais honorer Dieu comme ils les honoraient. Je voulais offrir un sacrifice de louange comme ils le faisaient. Selon moi, à ce moment-là, en faire moins aurait été un sacrilège. Ce raisonnement peut paraître étrange, mais c'est ainsi que je peux le mieux expliquer ce que je ressentais.

Tout ce que je sais, c'est que, tout au fond de moi, je ne voulais pas simplement observer. Je voulais participer. Je voulais contribuer à faire descendre la nuée glorieuse de la présence de Dieu qui se formait déjà au-dessus de ces gens.

Donc, j'ai dansé. J'ai dansé de toutes mes forces. Même si je ne connaissais pas du tout le rythme ni le style de danse, c'était comme si j'avais fait cela toute ma vie. Je me suis rendu compte qu'au fur et à mesure que je m'avançais, le volume s'intensifiait. Et quand je passais au milieu d'eux, leur louange augmentait. Et, je pouvais voir une approbation pure dans leurs yeux étincelants et leurs larges sourires. Ils étaient ravis de me voir me joindre à eux pour louer le Roi.

En chemin, à un moment donné, j'ai décidé de continuer à danser jusqu'à la plate-forme. Arrivé seulement à mi-chemin, mes poumons voulaient déjà éclater, et je me suis dit que j'allais peut-être en mourir. Ô, mais quelle façon de s'en aller !

Alors que je continuais mon chemin au milieu de la foule, la voie derrière moi s'était refermée puisque la chorale me suivait maintenant de près. Je me suis arrêté à la plate-forme pour les laisser passer et ils sont allés prendre leurs places au fond de l'estrade. Ils avaient dansé pendant tout ce temps, et de ce fait j'ai décidé de danser jusqu'à ce que le dernier membre de la chorale soit en place. Le défilé terminé, j'observais le surintendant national qui s'avançait vers le microphone.

La musique s'est arrêtée, et pour la première fois depuis notre arrivée, plus d'un demi-million de pieds se sont respectueusement immobilisés. Je me suis courbé pour inspirer autant d'oxygène que possible. Le dirigeant national a souhaité la bienvenue à tous, a donné une courte exhortation, ensuite la musique et la chorale ont repris de plus belle. Une mer de gens dansait jusqu'à ce que la poussière se soulève comme la brume matinale.

La plate-forme était très vaste. On nous a informés qu'elle pouvait asseoir jusqu'à quatre mille personnes. Une partie de l'estrade faisait saillie en direction de l'audience archibondée. Les gens, pendant des centaines de mètres et dans tous les sens, étaient agglutinés, serrés comme des sardines. Du côté de la partie saillante de la plate-forme se tenait une douzaine de dirigeants nationaux et d'interprètes qui adoraient avec une passion et un zèle que je n'avais jamais vus.

J'avais tant envie d'être devant avec eux, mais n'étant pas un des membres principaux de l'équipe, et n'étant pas sûr que c'était convenable d'être si audacieux, j'hésitais. D'ailleurs, je pouvais rester à l'arrière et danser. Il y avait beaucoup de place, et bien sûr, je me ferais certainement moins remarquer. Mais je voulais me donner en spectacle. Pas dans le but d'être vu, mais pour me joindre à eux, pour valider ce qu'ils faisaient et leur faire savoir que, comme eux, je voulais donner à Jésus la plus grande louange possible.

Je suis donc allé voir Billy Cole, le dirigeant de la croisade, pour lui demander gentiment si c'était acceptable que j'aille danser avec les anciens nationaux. Il m'a dit que oui.

Nous avons donc dansé, tournoyé et sauté. En peu de temps, la musique s'est arrêtée, et je me suis retrouvé de nouveau essoufflé comme un cheval de course. J'avais le souffle court pendant un petit moment, mais j'étais très satisfait. De toutes mes forces, du fond de mon âme, j'avais voulu que Jésus me fasse un gigantesque sourire. Comme l'adoration plaît à Jésus, je m'étais donc joint à l'effort de cette foule massive d'Éthiopiens pour lui faire un énorme plaisir. Jésus méritait cela, et bien plus encore.

C'est alors que cela s'est passé.

C'est à ce moment-là que Dieu m'a enseigné quelque chose sur l'adoration que je n'oublierai jamais.

Alors que mon cœur palpitait et que ma respiration était difficile, Jésus s'est penché à mon oreille et a murmuré ces paroles : « Quand ce sera à ton tour de prêcher, n'aie pas peur. Parce que tu n'es pas venu comme un spectateur pour regarder, ni comme un preneur pour recevoir, mais parce que tu es venu pour donner et tu t'es joint à mon peuple dans leur adoration, sache ceci : j'ai uni ton cœur avec le leur, et leur cœur avec le tien ».

L'adoration attire l'attention de Dieu et des hommes.

Ce n'est que plus tard que je l'ai exprimé en ces termes : l'adoration attire l'attention de Dieu et des hommes. C'est ce que Jésus m'a dit ce jour-là quand je dansais sur cette énorme plate-forme de ciment.

Jésus a continué à me parler : « N'arrête pas. Continue à adorer et à danser, toute la journée ».

Puis j'ai vu, dans l'esprit, une aiguille et du fil. Avec chaque acte d'adoration, l'aiguille passait de mon cœur au cœur de la congrégation, et ainsi de suite.

« Si tu continues à m'adorer de tout ton cœur, quand ce sera à ton tour de prêcher, il y aura une corde d'amour qui reliera ton cœur aux leurs, et ils te recevront comme si tu étais l'un des leurs ».

Avec une parole du Seigneur si puissante, je me suis avancé au pupitre pour prêcher, cet après-midi-là, avec la plus grande assurance que je n'aie jamais eue de ma vie. J'étais aussi courageux qu'un lion et sans la moindre peur. Quel énorme contraste avec ce que j'étais, juste quelques années auparavant !

J'étais le gamin qui avait peur de son ombre. J'ai grandi dans une région rurale des États-Unis, dans un village de 900 habitants. Durant mon adolescence, si j'allais à une fête, la plupart du temps je restais assis tranquillement dans un coin. En général, les gens ne savaient ni quand j'arrivais ni quand je repartais. J'étais maussade et peureux, en gros, je détestais la personne que j'étais.

Il m'a fallu cinq ans pour recevoir le Saint-Esprit, parce que j'étais si conscient de moi-même. J'étais cet adolescent qui est rentré de son premier camp de jeunes sans s'être fait un seul nouvel ami. Plusieurs années plus tard, durant une réunion de camp puissante, Dieu m'a clairement appelé au ministère. J'avais dix-huit ans, mais je ne l'ai dit à personne avant mes vingt-trois ans, parce que je pensais que même Dieu ne pouvait pas corriger mes manques d'assurance déformés et ma maussaderie.

Donc, me présenter devant une foule si impressionnante avec une telle assurance était vraiment une chose qui venait de Dieu, une preuve de sa puissance transformatrice. Et tout s'est passé exactement comme Jésus me l'avait dit. À partir du moment où j'ai ouvert la bouche, il y avait une connexion instantanée dans l'Esprit. La foule est devenue bruyante et exubérante. La réaction vocale de la foule était si puissante que les personnes (environ 75 000) qui, accablées par la chaleur de la journée, s'étaient déjà dirigées vers les tentes sont revenues en courant au son de la réaction énergique de la foule.

Pourquoi ? Comment ? Il s'agissait d'une attirance divine. J'avais adoré de tout mon cœur et de toutes mes forces pendant deux jours. C'est ainsi que des milliers de liens s'étaient tissés entre mon cœur et leur cœur.

L'adoration avait rendu une personne auparavant non intéressante, particulièrement engageante.

Quand je suis devenu persuadé que Dieu pouvait faire de moi un vase d'honneur pour sa gloire, et quand je l'ai adoré avec une telle confiance, Dieu m'en a dit davantage sur l'adoration : « C'est très beau. Tu as été créé pour cette tâche, pour être libre de toute servitude et de tes insécurités, et pour faire confiance à ma puissance pour faire de ta vie une merveille. Je trouve cet amour, cette assurance, et cette confiance en moi irrésistibles ».

J'ai appris que si nous attirons l'attention de Dieu, nous entrons dans la phase exceptionnelle. Les gens spirituels, ceux qui aiment Dieu sont attirés vers la même chose qui attire Dieu. Les gens qui essaient de s'approcher de Dieu vont aller vers vous, parce qu'ils reconnaissent les éléments qui sont actifs dans votre vie : l'amour, l'espérance, et la foi. Ils savent intuitivement que ce qu'ils voient en vous quand vous adorez est l'œuvre de Dieu. Puisqu'ils sont eux-mêmes une œuvre sur laquelle Dieu travaille encore, ils vous trouvent engageants et veulent écouter l'histoire de votre croissance, de la grâce qui vous a été accordée, et la façon dont Dieu vous a dirigé.

Vous vous demandez peut-être : « Bon, c'est une bonne théorie, mais pouvez-vous la prouver dans la Bible » ?

Oui, je le peux.

Dans les salles majestueuses du royaume uni, les gens exprimaient, par des chuchotements respectueux, leur tristesse. David, le bien-aimé, se trouvait à la fin de son règne magnifique. Il n'avait fallu que quelques minutes pour que le bruit de la convocation se disperse dans le palais comme une dernière pluie douce et faible qui annonce la moisson. On avait convoqué le sténographe royal. Il allait bientôt arriver pour enregistrer les dernières paroles de David. Elles devaient être conservées.

L'auteur veut honorer David. Il veut qu'il ait la plus belle épitaphe possible. Personne, aucun homme, auparavant n'avait élargi le royaume de Dieu comme David l'avait fait. Aucun homme, pas un seul, n'avait inspiré tant d'hommes à sortir des petits vestibules sombres de l'anonymat pour atteindre les sommets somptueux de la noblesse, comme David l'avait fait. Qu'avait-il de spécial ? Qu'est-ce qui lui avait permis de prendre la racaille de sa société, de former ces hommes, et de les instruire ? Non seulement il les avait fait sortir de leur ignominie, mais il en avait fait des héros que l'on appelait les vaillants hommes de David.

Quel était son don ? Quel était son talent ? Quel était l'attrait de cet homme qui inspirait un tel dévouement qu'un simple désir était pour ces hommes un ordre, telle la fois où David désirait un verre d'eau de la citerne qui lui rappelait sa jeunesse protégée et les jours plus simples de son enfance en tant que berger? Quelques-uns de ses hommes guerriers ont entendu son désir, et tout en étant très conscients du danger que représentait la tentative de pénétrer dans une zone sanglante et assiégée, ils ont décidé d'aller chercher un peu de cette eau de Bethléem, pour David.

Pour quelle raison aimait-on tant cet homme ? La réponse se trouve dans le prologue du secrétaire royal. Il nous explique simplement et précisément pourquoi les dernières paroles de David seraient si importantes pour eux.

Il identifie ce qui fait de lui ce qu'il est.

Le secret de la vie de David se résume à la fois dans ce qui est dit et ce qui n'est pas dit.

Avec sa plume trempée d'encre royale, le scribe respire lentement et de façon mesurée. Ses pensées retournent en arrière et filtrent tout ce qu'il sait, tout ce dont il se souvient, et tout ce qu'on lui a dit sur David, puis il écrit :

« *Voici les dernières paroles de David. Parole de David, fils d'Isaï, Parole de l'homme haut placé, De l'oint du Dieu de Jacob, Du chantre agréable d'Israël…* » (2 Samuel 23 : 1)

Il est le fils d'Isaï ! Qui est Isaï ? La seule raison que nous connaissons Isaï c'est parce qu'il avait un fils nommé David.

Continuons.

« David est celui qui a été haut placé. Et comment cela s'est-il produit ? Qui aurait pu imaginer que le fils d'Isaï allait s'élever de l'endroit où il se trouvait à la place d'honneur qu'il occupe maintenant ? Il n'y a qu'une seule explication à cette ascension : il a été oint par Dieu. Oh ! Être l'oint de Dieu » !

Mais, dites-nous, scribe royal, comment peut-on expliquer cette onction ? Était-ce parce que David était un grand guerrier, un grand général ? Était-ce parce qu'il maîtrisait l'épée, ou parce qu'il était une terreur sur le champ de bataille ? Cela faisait-il son charme ? Était-ce ce qui faisait son attrait ? Attendez. Attendez. Je sais. C'est parce qu'il était tueur de géants. David, un berger avec une fronde, avait tué le champion le plus farouche que les armées des Philistins aient trouvé, le géant grossier Goliath de Gath qui mesurait trois mètres.

Mais, aucune de ces qualifications n'est mentionnée : ni celle de général, ni celle de tueur de géants, ni celle de tueur d'ours ou de lion, ni même celle de roi. Quand le scribe a voulu conférer à David le plus grand honneur possible, quand il a voulu exactement exprimer ce qui faisait de David l'homme qu'il était, quand il a voulu que nous sachions à quel point il était aimé, il l'a simplement appelé « le chantre agréable d'Israël ». En d'autres termes : « Israël aime David parce qu'il dirige dans l'adoration mieux que quiconque avant lui » !

« Exactement ! Personne ne nous a montré et enseignés à adorer comme David l'a fait. Personne ne nous a conduits dans la présence du Tout-Puissant comme David l'a fait. Nous n'étions rien et nous n'avions aucun but, jusqu'à ce que David nous montre comment être des adorateurs ».

« Ce qui fait de David l'homme qu'il est n'est pas sa capacité d'utiliser une fronde, mais sa capacité de chanter les louanges. Sa grandeur repose dans les chants qu'il compose, la façon dont il danse et crie de joie. C'est son adoration constante, continuelle et incessante du Dieu Jéhovah qui inspire notre amour pour lui. Nous aimons David parce qu'il nous a montré par l'exemple comment entrer dans la présence du Tout-Puissant. »

Voici le secret de David. Il n'était pas un guerrier qui adorait. Il était un adorateur qui faisait la guerre. Il y a une grande différence ! Un guerrier qui adore le fait en fonction du déroulement de la guerre. La victoire sur le champ de bataille lui donne envie d'adorer. La défaite sur le champ de bataille l'incite plutôt à céder aux mauvaises circonstances et à réprimer son adoration. Ceux qui étaient proches de David avaient compris que son adoration ne dépendait pas de ses exploits, mais que ses exploits dépendaient de son adoration.

Beaucoup de gens veulent les résultats de David sans ses efforts. Ils veulent sa victoire sans sa vigueur. Ils veulent ses bénédictions sans ses sacrifices.

On ne peut pas avoir les uns sans les autres. Les résultats, la victoire et la bénédiction viennent du caractère, et non des circonstances.

David était d'abord un adorateur, puis un roi. David était un homme qui connaissait bien ses priorités.

Oh, que je puisse être connu comme un grand adorateur.

Pas comme un grand prédicateur, pas comme un grand missionnaire, mais comme un grand adorateur.

Au ciel, il n'y aura pas de prédicateurs. Il n'y aura ni pasteurs ni presbytères ni surintendants. Au ciel, il n'y aura ni des grandes ni des petites églises, ni des prédicateurs célèbres ni des inconnus. Il n'y aura pas non plus ni des grands ni des petits succès. Au ciel, il n'y aura que des adorateurs, des pécheurs sauvés par grâce, adorant le Roi !

> « *Je regardai, et j'entendis la voix de beaucoup d'anges autour du trône et des êtres vivants et des vieillards, et leur nombre était des myriades de myriades et des milliers de milliers. Ils disaient d'une voix forte : L'agneau qui a été immolé est digne de recevoir la puissance, la richesse, la sagesse, la force, l'honneur, la gloire, et la louange* » *(Apocalypse 5 : 11-12).*

Toute notre grandeur, notre prestige, nos éloges et nos réussites n'ont aucune importance au ciel. Ce qui compte, c'est de savoir comment adorer.

En tête de liste sur son CV se trouvait la qualification principale de David : il était un adorateur extraordinaire ! Et tout le monde l'aimait pour cette raison. À vrai dire, tous ne l'aimaient pas. La fille de Saül n'aimait pas ça du tout.

> « *David était revêtu d'un manteau de byssus ; il en était de même de tous les Lévites qui portaient l'arche, des chantres, et de Kenania, chef de musique parmi les chantres ; et David avait sur lui un éphod de lin. Tout Israël fit monter l'arche de l'alliance de l'Éternel avec des cris de joie, au son des clairons, des trompettes et des cymbales, et en faisant retentir les luths et les harpes. Comme l'arche de l'alliance*

de l'Éternel entrait dans la cité de David, Mical, fille de Saül, regardait par la fenêtre, et voyant le roi David sauter et danser, elle le méprisa dans son cœur »
(1 Chroniques 15 : 27-29).

David en a pris plein les oreilles, une fois rentré chez lui !

« David s'en retourna pour bénir sa maison, et Mical, fille de Saül, sortit à sa rencontre. Elle dit : Quel honneur aujourd'hui pour le roi d'Israël de s'être découvert aux yeux des servantes de ses serviteurs, comme se découvrirait un homme de rien! » (2 Samuel 6 : 20)

David est rentré chez lui ravi par ce qui avait dû être la plus belle journée de sa vie. Il venait juste de réaliser un de ses plus grands rêves et souhaits, apporter l'arche de l'alliance à Jérusalem. Il était joyeux, satisfait et ravi d'être en vie. En franchissant le seuil de sa maison, au lieu d'être accueilli par des mots comme « Chéri, je suis si fière de toi », il reçoit plutôt une douche froide !

Le plus grand accomplissement de sa vie a été minimisé et ravagé par quelqu'un qui méprisait l'adoration. Elle a prouvé qu'elle ne connaissait pas du tout le vrai David quand elle l'a rabaissé. « Tu avais l'air d'un imbécile aujourd'hui. Qu'est-ce qui t'as pris d'enlever ta tenue royale et de porter ces vilains vêtements comme un pauvre Lévite ? Tu n'avais ni l'air ni le comportement d'un roi. Je n'arrivais pas à te distinguer dans cette foule de roturiers. Ton comportement ridicule n'a fait que complètement détruire tes cotes de popularité ! »

Puis-je me permettre de paraphraser la réponse de David ?

« Peut-être que je devrais te remercier, Mical. C'est exactement ce genre de comportement, ce trait familial d'orgueil et de vouloir sauver la face qui m'ont donné l'occasion de devenir roi. Je pense que tu as appris de ton père. Mais, de toute façon, tu es une personne arrogante et prétentieuse qui abaisse l'adoration. Je ne tomberai pas, comme ta famille, dans le piège de l'orgueil. Je n'ai pas honte de m'humilier devant Dieu Jéhovah, qui a rejeté ton père à cause de son entêtement et de son orgueil, et qui m'a choisi à sa place pour régner sur son peuple. Et au fait, *Mlle l'Aristocrate*, j'ai de mauvaises nouvelles. Tu n'as pas encore vu le pire ».

« *Je veux paraître encore plus vil que cela…* »
(2 Samuel 6 : 22)

« Tu dis que les gens seront dégoûtés. Ce n'est pas vrai du tout. En fait, c'est le contraire. Je serai en HONNEUR ! »

« *Je serai en honneur auprès des servantes dont tu parles* »
(2 Samuel 6 : 22).

Je trouve intéressant que dans tout ce récit, la Bible n'appelle pas Mical « l'épouse » de David, mais l'indique toujours comme la fille de Saül. On dirait que l'auteur voulait dissocier le plus possible l'attitude et le comportement de Mical de ceux de David. Il voulait nous faire savoir que son ADN était complètement différent de celui de David et qu'elle n'était pas du tout comme lui.

Il semble qu'à un moment donné, elle l'avait en quelque sorte aimé. Peut-être était-ce l'image de marque et la célébrité qu'elle aimait. Dans tous les cas, il est clair qu'elle n'a jamais connu l'homme qu'elle avait épousé ni son Dieu, car si elle avait connu l'un et l'autre, elle aurait compris son adoration extravagante.

L'attitude de Mical était un problème de famille. La Bible en dit très peu sur l'adoration de Saül. Elle ne dit pas qu'il s'opposait à l'adoration, mais il semble qu'il ne la pratiquait pas. Son adoration léthargique et terne a abouti à des conséquences dévastatrices.

Tout ce que vous avez à faire pour que vos enfants méprisent l'adoration, c'est de ne rien faire ! Vous n'avez qu'à vous croiser les bras et restez assis. Ne dites rien. Ils apprendront tout simplement par votre comportement et attitude. Les gens le font chaque dimanche. Ils arrivent, laissent tomber leur carcasse sur le banc, et imitent à merveille une statue de marbre de Michel-Ange. Voici ce qu'ils affirment : « Si je n'ai pas envie d'adorer, je n'adorerai pas. De toute façon, cela n'affectera personne d'autre que moi ».

Vraiment ? Posez la question à n'importe quel dirigeant d'adoration. Ils vous diront que ce n'est pas vrai.

Pensez aux porteurs de cercueil et de leur tâche aux funérailles. Il faut six hommes costauds et en bonne santé pour porter un seul mort. Et bien, quand une personne vient à l'église et s'assoit sans plus bouger comme un cadavre, je suggère qu'il faut six adorateurs solides et passionnés pour contrer un esprit mort.

Veuillez bien vous rappeler ceci, la prochaine fois que vous serez tentés d'imiter le granite. Si vous ne pouvez pas danser, taper au moins du pied. Si vous n'osez pas courir dans tous les sens, levez et agitez au moins la main. Pour l'amour des pécheurs, ne faites pas souffrir la congrégation avec votre inertie.

Il semble que Dieu n'aime pas cette attitude non plus.

« *Or* [à cause de cela, comme résultat, pour cette raison] *Mical, fille de Saül, n'eut point d'enfants jusqu'au jour de sa mort* » (*2 Samuel 6 : 23*, notes de l'auteur entre crochets).

J'ignore si sa stérilité était biologique ou sociale. Il est possible que David, écœuré par sa conduite envers lui et envers Dieu, n'ait plus eu aucun désir d'être intime avec elle.

Voici ce que je sais. Ne pas comprendre et ne pas apprécier l'adoration reflète un problème d'intimité. Si vous refusez d'adorer, il vous sera impossible d'être intime avec Jésus.

***

Paul et Silas, ayant reçu du Seigneur une vision de se rendre en Macédoine, y sont arrivés selon la volonté parfaite de Dieu. Ils faisaient de bonnes actions et prêchaient l'Évangile. Puis, au lieu de recevoir le prix du meilleur citoyen pour avoir libéré une jeune femme des mauvais esprits, on les a arrêtés, battus et mis les ceps aux pieds, les jetant dans la prison intérieure.

> « *Après qu'on les eut chargés de coups, ils les jetèrent en prison, en recommandant au geôlier de les garder sûrement. Le geôlier, ayant reçu cet ordre, les jeta dans la prison intérieure, et leur mit les ceps aux pieds* » *(Actes 16 : 23-24).*

S'il y avait une prison intérieure, il serait donc logique de penser qu'il y avait une prison extérieure. En termes modernes, je dirais que la prison intérieure était la partie à sécurité maximale, et que la prison extérieure était pour la population carcérale générale.

> « *Vers le milieu de la nuit, Paul et Silas priaient et chantaient les louanges de Dieu, et les prisonniers les entendaient. Tout à coup, il se fit un grand tremblement de terre, en sorte que les fondements de la prison furent ébranlés ;*

au même instant, toutes les portes s'ouvrirent, et les liens de tous les prisonniers furent rompus » (Actes 16 : 25-26).

Cela allait au-delà des petits battements indifférents des mains du dimanche; c'était plus que simplement bouger au rythme de la musique durant le temps d'adoration. Leur louange et leur adoration étaient un style vie.

Je ne pense pas qu'ils le faisaient en vue d'être libérés. Je ne pense pas qu'ils priaient pour être délivrés. Je pense qu'ils préféraient adorer au lieu de s'inquiéter.

On ne peut pas adorer et s'inquiéter en même temps. Il est impossible de tenir une pose ou de faire semblant, et de louer Dieu en même temps. Quand on choisit de faire l'un, on abandonne l'autre.

Les circonstances essayaient de les convaincre qu'ils n'étaient pas dans la volonté de Dieu, et par conséquent, ils ont choisi de rejeter cette notion et d'adorer ; ce qui a modifié leur état d'esprit. Quand vous n'avez pas envie de louer, chantez jusqu'à ce que l'envie vous vienne.

Dans tous les cas, le résultat de leur adoration était une immense libération. Voici la vérité et la sagesse : l'adoration nous libère ! L'adoration seule a le pouvoir d'enlever les chaînes et les fers.

Nous voyons dans ce récit le pouvoir extrême de l'adoration. Leur adoration a fait beaucoup plus que plaire à Dieu et affecter leur vie personnelle ; elle a eu un impact sur tout leur entourage.

L'Écriture déclare que le tremblement de terre qui a suivi leurs louanges a causé l'ouverture de toutes les cellules. Le geôlier impitoyable et cruel a supposé que tous les prisonniers s'étaient évadés. C'est pourquoi il a décidé qu'il préférait se donner lui-même une mort rapide et clémente plutôt que de laisser ses supérieurs lui en infliger une qui serait lente et pleine de souffrances. Donc, il allait se suicider.

> « *Mais Paul cria d'une voix forte : Ne te fais point de mal, nous sommes tous ici* » *(Actes 16 : 28).*

Question : comment Paul a-t-il su qu'ils étaient encore tous là ?

Réponse : avant de crier, il a vite compté ! Comment a-t-il pu le faire ? Parce qu'il pouvait voir les prisonniers. Parce qu'au lieu de sortir par les portes de la prison externe, les prisonniers s'étaient dirigés vers la prison interne où se trouvaient les adorateurs !

J'ai prêché dans les prisons pendant plus de dix ans. Je connais un peu la mentalité des détenus. Si les prisonniers se trouvaient soudainement devant des portes ouvertes, ils considèreraient que leur prière a enfin été exaucée et ils se rueraient vers la plus proche sortie. Et voilà. Leur jour de chance. L'occasion parfaite d'échapper à leur horrible situation. Mais dans ce cas-ci, au lieu de sortir en courant, ils *sont entrés* ! Pourquoi ?

Comment se fait-il qu'un prisonnier refuse l'occasion parfaite de s'évader ? À mon avis, il n'y a qu'une seule explication. À travers une révélation éblouissante, les compagnons de prison de Paul avaient compris que les seules personnes vraiment libres et vraiment libérées étaient celles qui pouvaient faire effondrer les murs en adorant.

Ils se sont précipités vers Paul et Silas, sachant que ces hommes détenaient la vérité au sujet de la liberté. La véritable liberté ne se trouve pas à l'extérieur ; elle est à l'intérieur. Ils voulaient l'affranchissement de leur âme plus que la libération de leur corps.

Ils voulaient quelque chose qui pouvait les faire chanter quand leur dos est meurtri. Ils voulaient quelque chose qui pouvait les rendre joyeux même quand rien ne marchait comme prévu. Ils voulaient en savoir plus sur la puissance qui pouvait libérer leur âme et leur esprit, même quand leurs pieds et leurs mains étaient liés.

Quand ils se sont mis à chanter à minuit, Paul et Silas ne suivaient pas les règles les plus récentes du manuel sur ce qui est politiquement correct. Quand ils ont commencé à chanter, la prison intérieure a sans doute résonné avec des menaces : « Silence, bande d'idiots ! On essaie de dormir un peu ici. Je t'avertis, toi, le maigrichon aux petits yeux, le prédicateur ! Je vais t'arracher les deux bras si tu ne fermes pas ta grande bouche. »

Logiquement, quand on ne sait pas combien de temps on va rester en prison, il vaut mieux ne pas agacer Roger le meurtrier la première nuit en prison.

Or, Paul et Silas n'étaient pas du tout inquiets. Ils connaissaient la vérité concernant la véritable louange, sincère et passionnée — elle attire l'attention de Dieu et des hommes.

Paul : « Est-ce qu'il y en a encore, Monsieur le geôlier de Philippes ? »

Geôlier : « Non, c'est tout. Toute la famille a été baptisée au nom de Jésus. »

Silas : « Super ! Quel chant, et quel service d'adoration ! »

Paul : « Quel sauveur ! Quel ami ! Quel Jésus ! C'est ça la vie. »

Voici un bon conseil pour être dans la zone réglementée de nos jours. Ne soyez pas politiquement corrects — soyez bibliquement corrects — et n'oubliez pas que l'adoration attire l'attention de Dieu et des hommes.

Chapitre 2
Donnez ce que je demande

J'ai commencé à payer la dîme à l'âge de douze ans. À quinze ans, j'ai donné toutes mes économies à un missionnaire en visite dans notre église. À dix-huit ans, j'ai acheté une batterie pour apprendre à jouer dans l'église au lieu de m'acheter le bateau de pêche que je voulais. À dix-neuf ans, j'ai acheté une voiture avec une banquette arrière, pour pouvoir transporter des adolescents aux réunions de jeunes, plutôt que la Corvette qui me faisait baver. Donc, quand il s'agissait de donner et de faire des sacrifices, j'avais l'impression que j'étais plutôt bien éduqué en la matière. Mais, j'allais bientôt découvrir, dans la zone réglementée, que mon éducation en la matière n'avait pas dépassé le niveau de la maternelle.

Notre petite église de Singapour était en pleine crise. On louait, pour quelques heures par semaine, un petit bâtiment délabré qui nous avait été accordé pour le ministère de réadaptation auprès des toxicomanes. Notre seule réunion avait lieu le dimanche soir. Environ le quart de nos vingt membres envisageaient de changer d'église. Pas par manque d'amour pour nous, mais en raison des circonstances auxquelles ils faisaient face.

À Singapour, les familles chinoises réservent le dimanche soir pour rendre visite à parents et grands-parents. Les jeunes familles de Singapour travaillent souvent 12 heures par jour, six jours par semaine. Un élément important de la culture bouddhiste consiste à montrer du respect envers les personnes âgées. La plus grande crainte d'un parent bouddhiste est que leurs enfants deviennent chrétiens et ne pratiquent plus le culte des ancêtres, ou pire encore, qu'ils se lient à l'église et oublient leur famille non chrétienne. Donc, quand nos nouveaux convertis se sont mis à passer le dimanche soir à l'église au lieu d'être avec eux, les récriminations se sont faites fortes et directes.

« Depuis que tu es devenu chrétien, tu ne nous aimes plus. Tu t'en fiches. Tu ne viens plus nous voir. C'est pour ça qu'on ne voulait pas que tu deviennes chrétien ».

Pour nos nouveau-nés spirituels, la solution logique était de trouver une église avec des réunions le dimanche matin, pour leur permettre de passer la soirée avec la famille, calmant ainsi les craintes erronées de leurs proches.

Notre dilemme était que nous ne pouvions pas trouver un endroit pour nous réunir le dimanche matin. Il y avait très peu de salles disponibles. Les prix d'achat sont inabordables à Singapour en raison du territoire très limité. Toutes sortes d'églises charismatiques avaient fait leur apparition et loué salles, amphithéâtres, et salles de conférence partout dans l'île. Les locaux disponibles étaient rares, et quand ils l'étaient, leur location était beaucoup trop chère pour notre budget minuscule. Trouver quelque chose à louer posait un grand problème, mais même si on avait pu trouver un endroit, payer pour le local était de loin le plus compliqué. Après littéralement des douzaines d'appels et de demandes, nous n'étions pas plus près d'une solution, et notre moral était désespérément bas. J'ai vu plus d'une fois des larmes couler sur les joues de Barbara alors qu'elle raccrochait le téléphone à la suite de dix à quinze refus ou impasses.

Jusqu'à ce moment-là, les finances de l'église ne nous permettaient qu'un budget de location inférieur à quatre mille dollars par an. Après avoir beaucoup prié, nous savions que Dieu nous dirigeait vers un endroit de la ville plus central et plus accessible, ce qui voulait dire un loyer annuel d'au moins cinquante-sept mille dollars de Singapour, l'équivalent de trente-six mille dollars américains.

L'idée était presque totalement inconcevable. J'ai désespérément imploré Dieu. Je lui ai dit que nous faisions tout notre possible. Je me suis plaint que j'avais l'impression qu'il ne remplissait pas sa part du marché. Je lui ai dit qu'il fallait qu'on fasse les réunions le dimanche matin. Je lui ai rappelé qu'il nous a envoyés ici pour bâtir un corps de croyants, et que s'il ne venait pas bientôt à notre rescousse, nous irions à notre perte. J'ai pleuré. J'ai proclamé sa Parole. J'ai déclaré ses promesses et j'ai de nouveau proclamé sa Parole. En fait, ce que je faisais vraiment c'était supplier et me lamenter. Je n'avais qu'un peu de foi, mais je faisais de mon mieux selon la connaissance à l'époque.

La clé est de faire ce que vous pouvez avec ce que vous avez. Dieu peut se servir de vous, même quand vous ne savez pas tout. Il commence son enseignement au niveau où vous vous trouvez. Il part de ce que vous connaissez déjà, et vous amène vers l'inconnu. Les catalyseurs sont le désir et la faim, pas la compétence ou la connaissance. Tous les grands hommes de foi avaient au départ une connaissance très limitée, voire nulle de la foi.

Moïse a dit : « Je ne peux pas ». Gédéon a dit, avec les yeux grands ouverts en consternation : « Qui, moi ? Je ne suis pas un puissant guerrier vaillant. » Pierre a même juré : « Je ne le connais pas. »

Aujourd'hui, nous les appelons des héros, mais ils étaient, au départ, tout en bas de l'échelle de la foi jusqu'à ce que Dieu leur parle : « Vas-y, monte juste d'un échelon à la fois. Ne crains pas l'inconnu. Avance, et tu vas voir que ta perspective changera et que tu y arriveras mieux ».

Revenons maintenant à l'Opération Désespoir.

Pendant que je pleurais et me plaignais, Dieu m'a dit ceci : « Tu es la solution à ce problème. Tu es la réponse à cette situation. »

Franchement, je n'aimais pas ce que j'entendais. Cela ne me plaisait pas du tout.

J'étais dépassé par les responsabilités, faisant quelque chose que je n'avais jamais fait auparavant, et voilà que Dieu me disait, à moi, Steve Willoughby, que j'étais responsable de l'avenir de l'église. Je ne voulais pas être la solution. Je ne voulais pas cette responsabilité. J'aurais préféré entendre que Barbara était possédée par sept démons, et que si nous arrivions à les chasser, nous aurions alors une moisson. Qu'elle soit la solution.

Dieu n'a pas tenu compte de mon ignorance et m'a posé une question : « Combien es-tu prêt à sacrifier ? »

Franchement, j'étais plutôt perturbé. La réponse à cette question aurait dû lui être évidente. Donc, comme pour répondre à quelqu'un qui a du mal à comprendre, j'ai commencé lentement et patiemment à expliquer.

« Que veux-tu dire, combien suis-je prêt à sacrifier ? »

Je croyais que ma bonne volonté à faire des sacrifices était bien documentée. J'étais parti de chez moi, j'avais quitté ma famille, mes amis, la chasse, la pêche, les fusils, et mes beagles pour aller m'installer à l'autre bout du monde. J'étais constamment amené à offrir mon soutien à d'anciens toxicomanes, j'étais pasteur d'une congrégation philippine et d'une autre anglophone. Je prêchais pour un groupe qui évangélisait des Chinois, et je faisais bien d'autres choses. Nous payions nos dîmes et faisions des offrandes généreuses. De plus, on aurait dit que notre maison était une gare d'autobus avec le nombre de gens qui y passait chaque jour.

Sacrifice ? C'est un mot que nous connaissions très bien.

Jésus a riposté à ma petite pointe en effectuant un rapide coup au menton : « Mais, il y a un sacrifice que tu ne connais pas. Puisque l'argent est ton problème, je veux savoir combien d'argent tu es personnellement prêt à sacrifier. »

Ah! Voilà, on arrive au but : l'argent ! « Parlons-nous d'argent, maintenant ? Voyons un peu... Nous donnons aux missions à travers *Promesse par la foi*. Nous soutenons aussi financièrement d'autres efforts missionnaires, et bien d'autres ministères. Je dirais que nous sommes des donneurs généreux ».

Et à vrai dire, nous étions de bons donneurs. Tout au début de notre mariage, nous nous étions engagés à donner à *Promesse par la foi* 50 dollars de notre salaire mensuel de 300 dollars. Nous savions comment donner. Or, pourquoi étais-je soudainement si tendu ?

Au quart de tour, Dieu a répondu avec une question gentille et douce, accompagnée d'une promesse : « Je ne parle pas d'un sacrifice unique. Je te demande combien tu es prêt à sacrifier pendant un an. »

Une longue pause pour faire de l'effet. Dieu m'a laissé digérer les mots, « pendant un an ».

Puis Dieu a continué : « Tu veux que les autres donnent. Combien es-tu prêt à donner pour que cela arrive ? Si tu consens à donner pendant une année ce que je te demande, je te promets que d'ici la fin de l'année, cette église sera autonome, et elle ne dépendra plus jamais de tes dons pour survivre ».

Voilà. C'était clair. La solution à mon problème. Une réponse à mon dilemme. C'est à ce moment-ci qu'on est censé sauter et crier : « Merci, Jésus ! »

Vous savez comment c'est. On aurait dit que les cieux étaient faits de laiton. Vous n'aviez ni argent ni solution, mais vous avez maintenant une parole venant de Dieu. Dieu dit : « Tu fais cela, et je ferai ceci, je le promets ». Vous avez maintenant votre *rhema*[1]. Le *Logos* de la Bible s'est présenté

1. N.d.T. : *Rhema*, mot grec. Cela signifie que vous avez reçu une parole de Dieu (par prophétie, par une parole de sagesse ou par une vision, etc.) qui s'applique exactement à votre cas ou situation personnels.

au milieu de votre journée, de votre heure, de votre situation. C'est le moment de se réjouir. Il est temps de danser. Mais je ne dansais pas et ne me réjouissais pas. Pourquoi ?

Je ne pouvais pas m'arrêter de penser à ce sacrifice d'un an. Un an, c'est très long. J'étais donc résolu à ne pas prendre de décision jusqu'à ce que je sache exactement le montant dont Dieu parlait.

« O.K., Seigneur, dis-moi exactement de combien d'argent tu parles. »

Jésus a émis un petit rire, puis il a coupé court : « Pas question. D'abord, tu acceptes, puis je te dis combien. »

Avantage — à Dieu ! Je n'aime pas quand il fait cela. On dirait que cela lui plaît de tenir les gens à sa merci. Enfin, si j'accepte ces conditions, je prends vraiment un grand risque. Si je dis oui, c'est fini. Dieu peut annoncer son prix, et je n'y peux plus rien.

J'étais donc là, à faire les cent pas, pour essayer de décider si je pouvais être sûr que Dieu serait raisonnable.

C'est une grande inquiétude, vous savez, de compter sur Dieu pour être raisonnable. Il n'est pas réputé être un Dieu très raisonnable. Pour lui, *assez* semble rarement être assez. Dans de tels moments, on ne sait jamais s'il sera raisonnable ou pas.

« Il est vraisemblable qu'il réclamera beaucoup trop ! Est-ce qu'on peut lui faire confiance ? », me suis-je demandé.

Nous obéissons à celui à qui nous faisons confiance.

Tout tourne autour de cela. La confiance. Dans quelle mesure faisons-nous confiance à Dieu ? La plupart d'entre nous pensent que Dieu cherche à nous rendre malheureux et qu'il prend plaisir à nous placer sur l'autel de sacrifice. Voici de quoi vous faire réfléchir. Nous obéissons à celui à qui nous faisons confiance.

Je me rappelle la leçon que j'ai apprise sur la confiance quand j'étais jeune dans mon église locale. C'était une petite église de campagne avec un bon groupe d'adolescents. Il y avait trois ou quatre garçons et environ une douzaine de filles. Et comme cela semble être souvent le cas, aucune attraction romantique n'existait entre les filles et les garçons de notre groupe. Les célibataires potentiels dans les deux églises avoisinantes, s'il y en avait, n'étaient pas nombreux, et par conséquent, les filles de l'église se sentaient plutôt seules. On leur avait enseigné qu'elles ne devaient sortir qu'avec des garçons dans la foi. Mais comme vous vous en doutez, elles se posaient quelques questions.

Alors voilà que le moment du banquet était arrivé, et jamais vous ne verrez un groupe de jeunes filles d'une humeur aussi irritable que ces douze jeunes pentecôtistes sans cavaliers pour les accompagner au banquet de la Saint Valentin. Ce soir-là, après l'étude biblique, elles tournaient autour du pasteur, telles que des loups autour de leur dîner. Le pasteur leur a calmement demandé ce qui n'allait pas.

La porte-parole l'a regardé pendant un moment avant de demander : « Pasteur, qu'est-ce qu'on va faire au sujet du manque de garçons dans cette église ? »

Sur ces paroles, j'ai voulu crier : « Eh ! Oh ! Et moi alors ? Moi, le garçon. Moi, l'enfant mâle. Est-ce que je suis invisible ? »

J'observais avec admiration le pasteur qui se tenait sûr de lui, mais calme face à cette hostilité. Puis, avec un petit sourire familier, il leur a demandé : « Eh bien, Mesdemoiselles, avez-vous prié à ce sujet ? »

Le groupe de filles a poussé un grognement de mépris, et elles se sont regardées dans le blanc des yeux en secouant la tête à la réponse simpliste de ce pasteur qui n'y comprenait rien.

Leurs expressions renforcées semblaient dire : « Monsieur, on ne peut pas prier à ce sujet parce que tout le monde sait qu'on ne peut pas compter sur Dieu pour être raisonnable. »

On avait l'impression que chaque fille avait une image dans sa tête de ce qui se passerait si elle s'agenouillait et priait : « Oh! Père céleste, trouve et choisis pour moi l'homme de mes rêves. Je me soumets à ta décision. »

Chacune semblait être persuadée que Dieu allait l'envoyer au prochain camp de jeunes, la traîner devant la congrégation entière, désigner le plus vilain garçon du camp, et lui ordonner : « Voilà ! Celui-là. Je veux que tu l'épouses. » Elles semblaient toutes être convaincues que Dieu commanderait cela en ricanant et que sa voix refléterait une joie écœurante.

Avec cette image vive qui alimentait leurs craintes, les filles pouvaient presque se voir en train de se couvrir le visage pour cacher les yeux en larmes, en disant encore et encore : « Non, non ! Non, Seigneur. Pas celui-là. C'est pour ça que je ne voulais pas prier. Je savais que tu allais me faire ça. *Nooooooon !* ».

Vous savez, ces filles avaient raison. Qu'est-ce que Dieu en sait sur le mariage ? On ne peut pas lui faire confiance dans les matières délicates telles que sortir avec un garçon et choisir un époux. Ou est-ce que je me trompe ? Franchement, si on n'en juge par les actions de la plupart des gens, on pourrait croire que Dieu ne fait que rechercher des occasions pour nous rendre malheureux en nous demandant de faire des sacrifices et des promesses. Plusieurs pensent que son choix sera toujours très difficile à accepter.

Pendant que je réfléchissais à la réponse à cette question d'une année de sacrifice, si oui ou non j'allais faire confiance à Dieu, j'ai eu l'impression que la présence de Dieu était encore plus tangible dans la pièce. J'ai toujours été sensible à la présence de Dieu, mais celle-ci était une nouvelle sensation. C'était différent. Jésus venait d'avancer vers moi.

Il n'a rien dit. Pas de réprimande : « Steve Willoughby, tu m'as tellement déçu. » Pas de question sévère : « Tu veux dire que tu me sers depuis vingt ans, et tu ne sais toujours pas comment me faire confiance ? » Rien de tout cela. Il était silencieux. Il s'est avancé vers moi, m'a pris dans ses bras et m'a serré fortement.

Il m'a pris chaleureusement dans ses bras. J'étais si bien. Il n'y avait rien de mieux. Puis, il a murmuré : « Trois millions de personnes à Singapour n'ont jamais connu ce que tu ressens en ce moment. »

C'est tout ce qu'il a dit. C'était tout ce qu'il avait besoin de dire.

Soudainement, j'étais choqué de ma réaction. Qu'est-ce que je fais ? Pourquoi est-ce que j'hésitais ? J'ai eu des remords de conscience, et je me suis rendu compte que j'étais en train de marchander le prix des âmes. La moisson ne valait-elle pas le prix que Dieu réclamait ?

Je voulais gagner des âmes, mais je ne voulais pas que cela me coûte personnellement quelque chose. Je pensais que j'avais déjà suffisamment donné. Par mon attitude, je disais : « Que quelqu'un d'autre fasse des dons supplémentaires. »

À la lumière de son amour, les portes des écluses se sont ouvertes et j'ai versé de grosses larmes de repentance. Le vilain égoïsme qui s'était accroché aux remparts de mon âme m'avait effrayé, et j'ai résolu d'extirper ce monstre de ma vie. J'ai passé un long moment — combien de temps, je ne sais pas — à pleurer et à me repentir. Finalement, j'étais prêt à répondre.

Une douce paix a envahi mon cœur pendant que je parlais : « Seigneur, je te donnerai tout ce que tu demandes. Aucun prix n'est trop élevé pour le salut d'âmes précieuses (oh, la joie de se soumettre à sa volonté !). Maintenant, vas-y, dis-moi le montant à donner. »

Alors, il me l'a dit.

Franchement, c'est une bonne chose qu'il ne me l'ait pas dit plus tôt parce que j'aurais sans doute refusé. J'ai avalé avec difficulté.

« Bon, d'accord. Encore une petite chose, Seigneur. Est-ce que tu peux en parler à ma femme avant que je ne le fasse ? »

Quand Barbara sait que j'ai prié au sujet d'une situation, elle a toujours fait confiance à mes idées et à mes désirs. Messieurs, quand vous prenez une décision importante, il faut que vos épouses sachent que vous avez prié. Je ne veux pas dire que vous avez parlé du besoin de prier, mais que vous avez vraiment prié de toutes vos forces. Ne vous attendez pas à ce que votre épouse vous suive avec plaisir si vous ne priez pas.

Une fois que j'avais fini de prier, je lui ai parlé, et je lui ai dit le montant. Elle m'a posé une seule question : « Es-tu sûr ? »

« Oui, je le suis ».

Avec le tiers de notre salaire mensuel promis au Seigneur, nous attendions sa promesse. À mon grand étonnement, les deux premiers mois, la somme exacte que j'avais prévu de donner nous est parvenue sous la forme d'offrandes spontanées venant de sources inattendues. Mais après les deux premiers mois, on dirait que Dieu m'a donné une tape dans le dos pour me dire que ces deux mois-là étaient gratuits, mais que je devais dorénavant me débrouiller. Et c'est ce qui s'est passé.

Ces deux premiers mois étaient une prime d'encouragement de la part de Dieu. Je crois que Jésus, dans sa bonté infinie, nous avait fait part d'un supplément de grâce pour fortifier notre foi et nous faire savoir que nous étions sur la bonne voie. Alléluia ! Dieu nous montrait de quelle manière merveilleuse il pouvait pourvoir aux besoins de ceux qui font preuve de foi et d'obéissance.

Toutefois, après ces deux mois de prime, nous avons commencé à donner ce montant mensuel, sans aucune autre aide. Mais, nous étions contents, sachant que Dieu était à l'œuvre.

Environ trois mois sont passés, à la suite desquels nous avons commencé à nous réunir dans une petite salle de classe. Nous avions réservé le local de façon insolite. Nous étions sur le point de signer un contrat de location pour un bâtiment et, à la dernière heure même, la propriétaire a annulé la transaction et l'a donné à une autre personne. Nous avions le cœur brisé. La propriétaire regrettait de ne pas avoir été tout à fait honnête avec nous, sachant qu'elle n'avait pas été juste envers nous, et pour cette raison elle nous a offert un prix de consolation. Elle nous a proposé trois mois gratuits dans une petite salle de classe dans une école qu'elle louait à bail. Récemment, la salle avait servi comme pièce de rangement, donc il allait falloir que nous la vidions, la nettoyions, et la mettions en couleur. La salle était toute petite et temporaire, mais nous l'avons prise. Pourquoi ? C'était un acte de foi. C'était au centre de la ville dans la zone des affaires où Dieu voulait que nous soyons.

« Mon Dieu, tu nous as fait une promesse. Nous avons tenu notre part du marché, et nous nous attendons à ce que tu tiennes ta part. Nous allons nous installer ici en croyant qu'avant la fin des trois mois, tu nous accorderas un endroit convenable. »

Nous avions le sentiment d'être sur la bonne voie.

Un dimanche durant nos deux mois dans la vieille école, j'avais l'impression que ma prédication était horrible et qu'elle n'accomplissait rien. J'avais envie de disparaître. En plus, comme si les choses n'étaient pas assez terribles, pendant tout le message, je me sentais poussé d'aborder le sujet de la dîme. Les membres de l'église étaient encore si jeunes dans la foi, et je me sentais un peu nerveux de leur parler d'argent. La plus grande église en ville avait un pasteur australien qui avait fait l'objet des nouvelles parce qu'il était accusé de détournement de fonds. À Singapour, quand un pasteur est accusé, la nouvelle fait la une des journaux. J'ai donc dit à Dieu que ce n'était pas le bon moment pour qu'un homme blanc demande de l'argent. Je me suis efforcé d'ignorer l'incitation de Dieu. J'avais peur que les gens ne pensent que moi, l'étranger, je courais après leur argent. Néanmoins, Dieu continuait à insister pour que je leur parle de son plan financier.

Le groupe était si petit, et ma prédication était si mauvaise que je me suis dit que parler de la dîme ne pouvait pas empirer les choses. Je l'ai donc fait. En quatre ou cinq phrases seulement, je leur ai enseigné ce que Dieu dit sur la dîme dans le livre de Malachie. Puis, j'ai poursuivi mon message d'origine.

Nous venions tout juste d'arriver à la maison quand le téléphone a sonné. C'était une de nos fidèles. Cette sœur avait reçu le Saint-Esprit quelques semaines auparavant et elle aimait sincèrement le Seigneur, mais elle savait très peu sur la chrétienté. Son mari venait aussi aux réunions, mais il n'avait pas encore reçu le Saint-Esprit.

« Frère Steve, pourquoi Dieu nous frappe-t-il ? »

Elle employait cette expression pour décrire le sentiment que l'on a quand notre conscience nous convainc de quelque chose. En tant que jeune chrétienne, et ne connaissant que très peu les voies de Dieu, elle faisait référence à ce sentiment comme « étant frappée par Dieu ».

J'ai failli m'évanouir. « Tu vois, je t'avais averti. » J'ai dit cela en levant les yeux au ciel. « Tu vois, tu m'as mis dans un beau pétrin. Je te parie qu'elle parle de la dîme. Je savais que ce message n'allait pas plaire ! »

Mais comme je n'étais pas sûr de ce dont elle parlait, j'ai dû lui demander : « Sœur, pourquoi penses-tu que Dieu vous frappe ? »

« Eh bien, je pense que c'est relié à la dîme dont tu parlais. »

Je le savais. Je le savais que ce vif désir de parler sur la dîme ne venait pas de Dieu ! C'était le diable qui voulait semer le désaccord, et je suis tombé dans le piège. Toutefois, avant que je n'aie le temps de devenir encore plus négatif, la chère sœur a continué à s'exprimer avec une grande douceur.

« Pouvez-vous nous en dire plus sur cette dîme dont vous avez parlé ? Je ne sais pas ce qui nous a pris, mais nous avons pleuré pendant tout le chemin de retour de l'église. »

Demi-tour ! J'ai vite fait de dire à Dieu que j'étais désolé d'avoir douté de lui, et que je me suis réjoui de l'occasion de leur en parler davantage. En fait, je savais que je devais battre le fer tant qu'il était chaud.

« En fait, sœur, j'ai une cassette du Pasteur Tamel de *Parkway Apostolic*, sur laquelle il enseigne sur la bénédiction qui découle du fait de donner la dîme. Je vous l'apporterai dimanche prochain. »

Puis le Saint-Esprit m'a parlé : « N'attends pas jusque dimanche. Va la lui apporter maintenant. »

Je lui ai donc dit que j'allais la déposer chez eux sur-le-champ.

« Mais non, vous n'êtes pas obligé de le faire maintenant. »

« Ne vous inquiétez pas, ça ne me dérange pas du tout. »

J'avais été mal à l'aise, mais à présent, je savais que Dieu avait tenu sa promesse. Bien sûr, je ne m'attendais pas à ce qu'il le fasse de façon si radicale.

Le mercredi, le mari qui n'avait pas encore reçu le Saint-Esprit, mais qui avait été touché dans sa conscience après avoir écouté la cassette, s'est arrêté chez nous pour me dire qu'il paierait sa dîme le dimanche. Il s'apprêtait à me redonner la cassette, mais il a changé d'avis et l'a reprise. Il m'a demandé timidement s'il pouvait passer la cassette à trois autres hommes qui venaient à l'église, parce qu'il était certain qu'ils voudraient aussi recevoir la bénédiction de Dieu ! Il espérait que cela ne me dérangerait pas.

Si cela me dérangeait ? Le plus difficile, c'était de camoufler le sourire ridicule sur mon visage.

Tout en contrôlant mon enthousiasme, j'ai calmement répondu : « Ça ne me dérange pas du tout. Je peux même en faire des copies si ça t'intéresse ».

Pendant les six mois qui ont suivi, je n'ai plus jamais dit un autre mot sur la dîme. Ce n'était pas nécessaire. Chaque fois que nous avions un nouveau converti, ce frère (qui, au fait, avait reçu le Saint-Esprit dans notre premier réveil quelques semaines après tout ceci, et qui est toujours un de nos meilleurs fidèles) attendait quelques semaines afin que le nouveau grandisse un peu dans la foi, puis il glissait une cassette dans leur poche en disant : « Écoutez cela quand vous arrivez à la maison. Vous serez béni. »

Avez-vous saisi ce que je viens de dire ? Je n'avais plus rien dit sur la dîme. C'était ce frère qui se chargeait de partager et de « vendre » le message. Je me suis contenté de regarder avec émerveillement pendant que Dieu ajoutait des ressources à la réserve.

Le mois suivant, nous avions les moyens de louer une salle de fête dans un vieil hôtel, l'*Hôtel Grand Central.* Ce n'était pas l'endroit le plus joli, mais c'était abordable selon les normes de Singapour. Il manquait de style, mais ceci était compensé par d'autres choses. C'était là où Dieu nous a dit de nous installer, au centre-ville, sur la voie principale. C'était l'endroit de nos rêves, facile d'accès grâce aux nombreux moyens de transport public.

Est-ce que Dieu a gardé sa promesse ?

Dieu a fait mieux que cela. Il était si impatient de bénir notre foi et notre obéissance qu'il n'a pas attendu la fin de l'année pour accomplir sa promesse. Dans un délai de cinq mois à compter du jour où Dieu m'a parlé, l'église est devenue complètement autonome sur le plan financier. Nous avons loué cette salle dans le vieil hôtel pendant plusieurs années.

Pendant la dernière année de nos réunions dans cette salle d'hôtel, nous avions, en moyenne, une douzaine de personnes qui recevaient le Saint-Esprit chaque semaine. Nous avions commencé avec une réunion, mais en peu de temps, nous avions trois congrégations différentes qui se réunissaient dans trois hôtels différents, et nous n'avons jamais raté un seul paiement ! Cette année-là, l'église a dépensé cent mille dollars aux fins de location.

Aujourd'hui, nous sommes installés dans un local permanent et idéal. Nous payons plus en loyer qu'avant, et Dieu continue à tenir sa promesse !

Tout ceci paraît merveilleux et facile. Merveilleux, oui, mais facile ? Il n'est jamais facile de crucifier la chair, et on ne l'enseigne que par l'exemple.

Notre récompense est arrivée quand d'autres ont relevé le défi du sacrifice.

Grâce à notre simple geste d'obéissance, un esprit de générosité a envahi notre congrégation. Une de nos dirigeantes, une Philippine qui travaillait comme femme de chambre, n'avait pas été payée depuis quatre mois. Durant une réunion de consécration, elle a fait une promesse à Dieu ; quand elle serait payée, elle donnerait trois de ces quatre mois de salaire à Dieu. J'ai su que Jésus lui avait donné le désir de son cœur quand, environ trois semaines plus tard, mon épouse m'a montré une enveloppe d'offrande qui contenait vingt billets tout neufs de 50 dollars, pliés avec soin. Comparé à cela, notre sacrifice nous a paru insignifiant, sachant que cette jeune femme avait offert à Dieu trois mois de son salaire.

Peu après, la semence que nous avions plantée a déclenché une moisson que nous ne pouvions pas arrêter. Un dimanche, après la réunion, un jeune père de famille m'a abordé pour me dire que pendant ma prédication, le Seigneur lui avait demandé de vendre son adhésion au club de golf et de donner l'argent à l'église. Il m'a demandé de prier avec lui pour qu'il en reçoive un bon prix parce que le marché était stagnant.

Environ deux mois plus tard, il est venu me voir avec un chèque de plusieurs milliers de dollars en me disant que la vente de son adhésion lui avait rapporté 20 % de plus que le prix actuel du marché. Ses amis et partenaires étaient étonnés qu'il ait pu en obtenir un si bon prix.

Une dirigeante a donné tout ce qu'elle avait économisé, une somme équivalente à plus de cinq mille dollars. Un autre jeune homme n'avait pas d'argent, mais possédait un seul objet de valeur, une chaîne stéréo Pioneer. Il a déposé une petite note dans les offrandes promettant que, dès qu'il vendrait sa stéréo, il apporterait l'argent au Seigneur. De nouveaux convertis, des jeunes de familles bouddhistes qui n'avaient pas la permission de donner de l'argent, ont déposé des montres et des chaînes d'or dans l'offrande.

Dieu a tant béni cette première année que Barbara et moi avons décidé de continuer notre sacrifice une année de plus.

Aujourd'hui, plus de dix-sept ans plus tard, avec un loyer mensuel de plus de trente-huit mille dollars de Singapour, nous sommes si contents d'avoir obéi à Dieu dans les premières années.

La réponse commence avec la direction. Quand les dirigeants suivent le principe du sacrifice, l'obéissance se propage dans toute la congrégation. Quand on est obéissant à l'appel au sacrifice, l'amour, l'attention, la paix et le contentement en sont les résultats.

Ne craignez pas de faire confiance à Jésus. Entrez dans la zone réglementée. Donnez. Tout lui appartient de toute façon, et nous sommes les administrateurs de ses biens. Quand nous sommes des administrateurs obéissants, nous déclenchons sa bénédiction.

De plus, nous avons été sauvés pour que nous nous offrions en sacrifice ; lisez Romains 12 : 1 où le Seigneur appelle le sacrifice un culte *raisonnable !*

Chapitre 3
Quand vous vous occupez des affaires de Dieu, il prend soin des vôtres

Les ennemis de Jésus, dans leurs robes blanches et amidonnées avec leur attitude moralisatrice, ont infligé leur critique virulente contre lui. Son crime odieux ? Il mangeait avec les pécheurs. Il fréquentait les publicains.

« Si c'est un crime, je suis donc un criminel, » a répondu Jésus. Puis, il a continué, « Avant de m'appeler un criminel, laissez-moi vous raconter trois histoires concernant des objets égarés : premièrement, la brebis perdue dans ses vagabondages insensés parce qu'elle refusait d'écouter ; deuxièmement, la drachme perdue sans que ce soit sa faute, tout comme la personne qui n'a jamais entendu l'histoire de l'Évangile ; et troisièmement, l'enfant prodigue qui s'est égaré à cause de son égoïsme extrême, son matérialisme, et sa convoitise. »

La morale commune de ces trois histoires est la suivante : peu importe *la raison* pour laquelle nous sommes perdus, ce qui importe par-dessus tout, c'est que Dieu veut que nous soyons retrouvés.

La priorité de Dieu consiste à préserver ce qui est en sécurité, puis à employer tous les moyens pour sauver ce qui est perdu. Jésus veut dire que ses affaires consistent à gagner les âmes perdues, et si nous nous occupons de ses affaires, en retour il s'occupera des nôtres.

Pendant les vingt dernières années, nous avons fait de notre mieux pour fonder des églises à Singapour qui s'occupent des affaires de Dieu. Gagner les âmes a toujours été notre objectif, les dirigeants ayant été les premiers à montrer l'exemple. Je me souviens d'un service d'évangélisation un certain dimanche de la Pentecôte, et de l'inconvénient que je me suis causé en commençant moi-même deux études bibliques à domicile.

Je dis « inconvénient », parce que je croyais que j'avais déjà des affaires importantes à gérer. Juste avant ce service, nous avions vu une totalité de 658 personnes recevoir le Saint-Esprit dans notre congrégation à *Tabernacle of Joy*. En tant que pasteur principal, j'avais le sentiment que mon rôle devait à présent plutôt se tourner vers le soin et l'enseignement de ces nouveau-nés dans la foi. Je ne voulais pas arrêter l'évangélisation à l'église, mais je pensais que je devais plutôt laisser les fidèles, formés à cet effet, s'occuper des publicains et des pécheurs.

Mais, alors que j'étais en prière, je me suis senti fautif, et j'ai entendu Jésus me demander de laisser les 99 et d'aller chercher celle qui était toujours égarée. Et c'est ce que j'ai fait. J'ai décidé de m'occuper des affaires de Dieu et d'enseigner moi-même une étude biblique, et à cause de cette décision, Dieu s'est chargé de mes affaires.

Durant les huit premières semaines de l'étude biblique, l'église faisait face à un sérieux problème secondaire qui n'arrêtait pas d'attirer mon attention.

Dodjie Cargando était un jeune homme philippin sans expérience dans la prédication qui s'est joint à nous. Cependant, sous l'onction de Dieu, il est devenu en quelques années seulement, un prédicateur puissant de l'Évangile. Lui et sa femme Nancy avaient joué un rôle moteur dans notre congrégation philippine qui, en à peine seize mois, avait grandi de 250 à environ 600 fidèles (plus de 1 000 au moment où j'écris ceci). Pendant cette période de seize mois, Dodjie travaillait à plein temps chez Hewitt Packard, et il était surchargé de travail.

J'avais toujours dit à Dodjie que le jour viendrait, quand Dieu me pousserait, à faire une demande de permis de travail pour lui à Singapour par l'intermédiaire de l'église.

Eh bien, c'est arrivé un matin pendant que je priais. Voici ce que Jésus m'a dit : « Le moment est arrivé. Va dire à Dodjie de quitter son emploi et de faire sa demande de permis pour travailler à l'église. »

En réponse à mes instructions, Dodjie a quitté son emploi. Ensuite, on a fait la demande pour son permis en tant qu'employé à plein temps au *Tabernacle of Joy*. Pour un étranger qui est à Singapour grâce à un permis de travail, tout changement d'emploi doit être approuvé. Le processus veut que le travailleur quitte d'abord son emploi actuel. Puis, pendant qu'il est sans travail, il fait une demande pour un nouvel emploi. Cela représente toujours un risque, parce qu'on n'est jamais sûr d'être accepté ; et si la demande pour le nouvel emploi n'est pas acceptée, l'étranger n'a que quelques jours pour quitter le pays, et peut-être ne jamais y retourner. Cela peut être très effrayant.

Nous nous sommes bien renseignés, et les services d'immigration nous ont assuré qu'un pasteur philippin n'aurait pas de problèmes pour obtenir une approbation étant donné que notre congrégation était si grande. En plus, le risque de refus était minime puisque Dodjie s'était distingué comme un employé excellent auprès de son ancien patron qui lui avait promis qu'il le réengagerait n'importe quand.

Donc, en toute confiance et complètement assurés que nous étions dans la volonté de Dieu, nous avons fait la demande. Trois jours plus tard, le samedi, je me trouvais au bureau pour une réunion des dirigeants. Le télécopieur a entonné son gémissement irritable et a expulsé un document d'une page. Abasourdi, j'ai lu la phrase glaciale suivante :

« Nous avons le regret de vous informer que votre demande du permis d'emploi djc385934 a été refusée. »

Que faire maintenant ? Je suis le pasteur principal. Je suis censé connaître la volonté de Dieu dans des moments pareils. C'était ma décision. Je l'ai prise. Mais, elle a maintenant une saveur amère.

Xenn Seah, mon bras droit, a dit : « Ne panique pas. J'irai à l'immigration lundi. » Il a découvert aux services d'immigration que le refus était basé sur le fait que Dodjie avait d'excellentes références dans l'informatique, mais qu'il ne possédait pas de diplôme ou de documentation prouvant son expérience en tant que pasteur. Selon eux, le nouvel emploi s'écartait trop de son champ d'expertise. Cependant, ils nous ont invités à écrire une lettre faisant appel à la décision, et ils nous ont même donné des conseils pour la rédiger.

Après tout, cela ne poserait aucun problème. Dieu ne voulait tout simplement pas que nous considérions les choses comme acquises. Nous étions si sûrs de cet appel que nous n'avions même pas contacté les groupes de prière et d'intercesseurs. Inutile d'alarmer les saints et de les inquiéter parce que les Cargando avaient des problèmes d'immigration. C'était une petite affaire, et j'étais sûr que Dieu allait vite s'en charger.

Puis, la deuxième lettre de rejet est arrivée. Pas de panique. Mais il était évident qu'il serait convenable de convoquer l'équipe des dirigeants pour prier, car il semblait que le diable était en train de nous mettre des petits bâtons dans les roues.

Le troisième refus est arrivé. Il était temps d'employer les grands moyens.

Nous avons dans notre église une formidable armée de gens qui prient. Ils sont divisés en plusieurs groupes, et celui auquel nous avons fait appel était le groupe des 150 intercesseurs puissants. Tous les travailleurs étrangers à Singapour reçoivent un numéro d'identification, FIN (*Foreign Identification Number)*, qui est l'équivalent du numéro de sécurité sociale. Donc, les saints dans notre église qui ont fait leurs preuves en tant que combattants dans la prière peuvent faire leur demande pour recevoir un numéro d'intercesseur, que nous appelons aussi FIN, pour *Filipino Intercessors Number.* Ils sont de vrais « commandos » et « gendarmes » de l'équipe de prière de *Tabernacle of Joy.* Ils savent comment prier !

Le diable n'allait pas tarder à se sauver. La résistance spirituelle s'écroulerait devant cette force.

Parce que j'étais certain que c'était bien la volonté de Dieu que Dodjie soit pasteur à temps plein de l'église philippine, ma foi était ferme.

Là est la clé. On ne peut pas dire que toutes les décisions — ni même la majorité des décisions que nous prenons — sont claires comme de l'eau de roche. Mais, quand il n'y a aucun doute que la volonté de Dieu est de mon côté, j'ai appris que je devais absolument tenir ferme. Et quand les circonstances semblent indiquer autrement, je n'accepte pas facilement une réponse négative. Celle-ci était une de ces situations évidentes où je devais percer la résistance en persévérant. C'est du moins ce que je pensais au bout de trois rejets et appels.

Mais, quand nous sommes arrivés au cinquième refus et que l'atmosphère est passée de nuageuse à orageuse, je me suis senti envahi par un doute glacial. À peu près au même moment, je suis allé rendre visite et encourager une famille de fidèles qui traversait une mauvaise période. Durant notre conversation, j'ai mentionné le cas de Dodjie, et l'homme de la maison, sans rien dire, a pris le téléphone pour faire un appel.

Après avoir raccroché, il m'a dit qu'il venait d'appeler sa sœur dont le défunt mari avait été un membre du cabinet du

Premier ministre au pouvoir. Elle connaissait tous les hauts fonctionnaires et elle allait les contacter de notre part. Quelle joie ! Célébration ! Finis les problèmes. J'ignorais complètement que certains des fidèles connaissaient des gens haut placés. Il semblait que Dieu soit venu à notre rescousse de façon spectaculaire. Nous avons donc fait appel pour la sixième fois avec une foi renouvelée.

Mais quelques jours plus tard, j'étais tellement écœuré quand j'ai lu encore une fois cette phrase de rejet que je connaissais déjà par cœur.

La sœur du fidèle avait découvert, après s'être renseignée, que tous les bons amis de son mari avaient changé d'emploi. À présent, elle ne connaissait plus aucun des fonctionnaires à l'immigration. On avait été vaincu. On avait officiellement épuisé toutes nos ressources. Dans un effort d'améliorer les compétences de Dodjie, l'église internationale des Philippines avait même fourni un diplôme honorifique du Collège biblique de Manille.

Mais, tout avait échoué. J'étais confus. Avais-je mal compris la volonté de Dieu ?

Avec le moral très bas, nous avons fait notre septième appel. Cette fois-ci l'immigration a exigé l'achat d'un billet aller simple pour les Philippines avant que le visa de séjour des Cargando soit prolongé dans l'attente de l'appel. Si cet appel échouait, ils seraient forcés de quitter le pays sur-le-champ.

Une fois de plus, comme pour les autres fois, nous avons prévenu les 150 intercesseurs : « Continuez à intercéder » !

Le moment était arrivé de me poser quelques questions difficiles.

Des questions telles que : malgré nos bonnes intentions, avions-nous mal fait de présumer connaître la volonté de Dieu ? Avions-nous mis notre propre volonté en avant dans cette situation ? Devrions-nous discuter de la possibilité d'un autre refus ? « Que faire si...? »

J'avais fait face aux mêmes questions quelques mois plus tôt dans une situation bien plus sérieuse. Mon épouse, Barbara, avait appris qu'elle avait le cancer. Nous avions confiance que Dieu allait la guérir ; mais il y avait eu d'autres personnes pour lesquelles nous avions cru une guérison possible, et Dieu en avait décidé autrement.

La réalité est que les voies de Dieu ne sont pas les nôtres. Maintes fois, ses objectifs sont invisibles à nos yeux. Parfois, ils demeurent invisibles pendant une saison, parfois pendant une vie entière. La vérité est que la mort tout comme la délivrance font partie des voies de Dieu.

La foi n'est pas comme une assurance contre les inondations et les incendies ; elle n'est pas une garantie que les éléments négatifs de la vie ne vont jamais nous atteindre. La foi est l'assurance que Dieu marchera toujours avec nous pendant les turbulences de la vie. La seule façon sure et garantie de passer de l'autre côté, c'est de traverser les eaux froides du « Jourdain ». Nous aimons tous Cendrillon, et tous les autres contes de fées qui se terminent bien. Nous préférons tous la délivrance à l'endurance. Voilà la fin que nous voulons tous écrire pour nous-mêmes, « et ils vécurent tous heureux ». Du moins, c'est ce que je veux.

Donc, la question exige une réponse. Est-ce qu'il faut discuter des hypothèses de la vie ? Pendant que nous vivions l'épreuve difficile du cancer de Barbara, le sujet était délicat. On ne voulait pas prononcer les mots « et si...? », de peur que discuter des hypothèses soit un signe de manque de foi. Une absence de foi signifiait l'incrédulité, et l'incrédulité amenait à la crainte, et comme la crainte était paralysante, elle causerait un autre cycle d'incrédulité.

En peu de temps, on se noierait dans le doute, la crainte, et la culpabilité parce que, quand une partie de cette crainte se réaliserait, on se sentirait alors coupable, parce que tout avait commencé au moment où on a prononcé pour la première fois, « et si… ».

Donc, est-ce que la foi veut qu'on ignore tout à fait les faits ? Est-ce que la foi signifie qu'on doit ignorer l'éventualité de la mort et ne parler que de la délivrance ? La foi veut-elle dire qu'on ne doit jamais se poser la question « et si… » ? Est-ce que la foi nous interdit de demander : « Et si Dodjie et Nancy étaient forcés de quitter Singapour, qu'allons-nous faire ? »

Je ne suis pas sûr qu'il existe une réponse finale à la question « et si…? ». S'il y en a une, elle m'échappe. Certains en ont peut-être une idée, mais moi, je ne l'ai pas trouvée. S'ils connaissent la réponse, j'espère qu'ils la partageront avec moi. En attendant, je sais que j'en connais au moins assez à ce sujet pour survivre.

J'ai convoqué Dodjie et Nancy dans mon bureau. J'avoue que je n'étais pas sûr si cette conversation allait les aider ou les décourager, mais il était temps que l'on se pose la question, « et si…? ». Je me sentais intimidé par le fait que j'étais le pasteur principal et que je devais admettre que je n'avais aucune idée de ce qui allait se passer, mais j'ai appris que quand on ne sait pas, il vaut mieux l'admettre.

J'ai donc confessé. Je n'avais aucune idée.

Puis, je leur ai demandé ce qu'ils pensaient. Il s'est avéré qu'ils étaient partagés. Dodjie m'a dit ceci : « Nous ne faisons pas de suppositions. Pourquoi ? Parce qu'il n'y a rien à discuter. Nous n'allons pas partir. » Nancy, au contraire, était d'opinion que la réalité des choses exigeait qu'ils discutent de l'éventualité d'un départ. D'après elle, il était nécessaire de le faire, au moins pour l'amour de l'église. Au mieux, ce serait injuste vis-à-vis de l'église, et au pire, ce serait désastreux pour elle, s'ils étaient obligés de partir sans avoir pris les mesures nécessaires.

Cette idée persistait dans notre esprit que peut-être Dieu avait une leçon à nous enseigner, et nous ne pourrions l'apprendre qu'à travers leur départ. Cachée dans les profondeurs de mon âme, il y avait toujours cette même inquiétude à propos du cancer de Barbara. Et s'il existait une dimension à la vie que je ne pouvais obtenir sans la perte de Barbara ? Voyez-vous, Dieu ne m'a jamais dit que Barbara survivrait au cancer. Il m'a dit plusieurs fois que tout irait bien. Guérir et bien aller ne sont pas nécessairement synonyme.

Nancy a coupé court la conversation en disant avec un sourire : « J'ai dit à Dodjie que c'était comme quand sœur Barbara a acheté les perruques au début de sa chimiothérapie. Elle avait prié et avait cru qu'elle ne perdrait pas ses cheveux, mais elle avait deux perruques rousses, dans l'éventualité où elle les perdait ».

Le fait d'avoir ces perruques a-t-il annulé sa foi qu'elle ne perdrait pas ses cheveux ? Bien sûr que non, parce que trois mois après le moment où elle aurait dû, selon son médecin, être chauve, elle avait à peine perdu un cheveu. Nancy voulait dire qu'en l'absence d'une claire promesse de délivrance de la part de Dieu, on devait toujours envisager la possibilité qu'ils aient à partir.

Voyez-vous, Dieu n'a jamais promis que Barbara ne perdrait pas ses cheveux. Nous avons prié dans ce sens, mais il n'a jamais fait de promesse. Dans le cas de Barbara, il ne nous a pas fallu une promesse pour obtenir les résultats désirés (garder ses cheveux), mais sans une promesse l'angoisse peut être atroce. Cela fait partie de la foi.

Alors, qu'est-ce que je prescris ? Si vous avez une promesse, tenez bon. Ne confessez rien d'autre que ce que

Dieu vous a promis. En l'absence d'une promesse, cela ne fait pas de mal, et il est même conseillé d'envisager les éventualités en se posant la question, « et si...? ».

Nous avons donc mis en place des mesures d'urgence. Nous nous sommes dit que peut-être c'était le plan de Dieu que les Cargando soient aux Philippines pendant un certain temps. Dans tout ce remue-ménage, je savais qu'en quelques semaines, je devais moi-même quitter Singapour pour aller aux États-Unis pendant quatre mois. Je ne voyais pas comment cela serait bénéfique pour l'église que Dodjie et moi soyions absents en même temps, mais je n'étais pas Dieu.

Tout au fond de moi-même, je pensais que ces plans d'urgence ne serviraient à rien, car je m'attendais à ce que Dieu agisse et que les Cardango ne soient jamais obligés de partir. Mais, la réalité semblait indiquer autrement.

Alors que je priais au sujet de notre septième appel, Dieu m'a parlé comme il ne l'avait pas fait les autres fois. Il m'a assuré que cet appel serait notre dernier. J'en ai déduit que le permis de travail de Dodjie serait accordé. Il ne m'est jamais venu à l'esprit, que cet appel serait notre dernier parce qu'il allait partir.

À plusieurs reprises, j'ai eu des problèmes en voulant ajouter ma propre interprétation à la parole de Dieu. Mais je me sentais bel et bien fondé quand j'ai fait la déclaration confiante que Dieu pourvoirait. J'étais tellement enhardi, que je me suis même mis à jouer du tambourin en chantant depuis le pupitre : « Il est vrai que Dodjie a été rejeté six fois, mais sept est un chiffre parfait, et cette fois-ci ça va marcher ». Les fidèles ont presque fait basculer toutes les chaises, tellement ils sautaient et criaient. Leur vénérable pasteur avait parlé de la part de Dieu et tout allait bien se passer.

Cela s'était passé le dimanche. Le mardi, six heures avant que je n'aille enseigner une étude biblique, le téléphone a sonné. C'était une jeune femme de l'église qui parlait presque en murmurant. J'ai l'impression que ce n'est jamais une bonne nouvelle lorsqu'on vous appelle et on parle en chuchotant.

« Pasteur, nous venons de recevoir, il y a quelques minutes, la septième lettre de rejet de l'immigration. »

Je me suis forcé de répondre dans un ton le plus spirituel possible, voulant me montrer fort et convaincant : « Oh! ne vous inquiétez pas, tout ira bien. Ça veut dire que Dieu a quelque chose de mieux pour nous. Merci d'avoir appelé. Au revoir ! »

Puis j'ai raccroché très doucement et avec grand soin, pour ne pas effrayer la personne de l'autre côté du fil avec ce qui allait suivre. Je me suis glissé hors de ma chaise pour m'effondrer par terre, et j'ai gémi : « Qu'essaies-tu de me faire ? J'ai détruit la vie de Dodjie et de Nancy. Je suis ruiné. Je suis un faux prophète. Ils ne me croiront plus jamais. »

Bien que je sois une personne sensible, je n'ai pas l'habitude de me livrer à de tels gémissements. Or, cette fois-là, ma crise a poussé Barbara à se montrer à la porte de mon bureau à domicile. Barbara est un peu comme Jésus ; elle apparaît soudainement de nulle part, et ses apparences, tout comme celles de Jésus, sont assez spectaculaires.

« Qu'est-ce qui t'arrive ? »

Son ton était pareil à celui qu'elle avait quand les enfants étaient petits et turbulents.

Je lui ai donc tout raconté en sanglotant. Toute l'histoire. Le rejet, le fait que j'avais ruiné leur vie et que j'étais un faux prophète. Je ponctuais mes pleurs de gémissements perçants, et j'ai terminé le récit en sanglotant : « Ô mon Dieu ! J'ai ruiné leur vie ! »

Les épaules appuyées contre le châssis de la porte et les jambes croisées, Barbara a déclaré avec une voix qui insinuait qu'elle m'avait pris la main dans le sac : « Laisse-moi te poser une question. Qu'est-ce qui te préoccupe le plus ? Détruire leur vie ou ta réputation ? »

Quoi ? Éloigne-toi de moi, femme, progéniture de Satan, je me suis dit. Comment oses-tu me poser une telle question quand mon cœur se brise ! Devinant mes pensées et voyant les différentes expressions qui passaient sur mon visage, elle a disparu. Elle savait qu'avec cette seule question, elle avait torpillé ma séance d'apitoiement et elle n'avait pas besoin de rester. Mission accomplie.

Pendant une grande partie des six heures qui ont suivi, je suis resté allongé par terre à gémir, à pleurnicher et à me lamenter ; je ne comprenais pas comment cela pouvait être la volonté de Dieu que six cents Philippins se retrouvent sans pasteurs pendant que je serais en Amérique.

Au milieu de ce marathon de gémissements, Dieu m'a parlé : « Barbara t'a posé une bonne question. J'aimerais bien en connaître moi-même la réponse ».

« Ouais, ouais. Plus tard. Pour l'instant, je n'ai pas fini de rouspéter, Seigneur. »

Alors que l'heure de l'étude biblique approchait, j'étais toujours par terre. Je n'avais pas envie d'enseigner une étude biblique. Je pensais même l'annuler pour cause de maladie : ce problème m'avait rendu malade.

Il était dix-neuf heures, et ma foi m'a dit : « Lève-toi. Vas-y. Tout ira bien. » Oui, j'avais déjà entendu cela avant !

J'ai vite ressenti la voix sévère de Dieu s'adressant à moi d'un ton qui n'accepterait aucun refus : « Je t'ai dit de te lever et d'aller enseigner cette étude biblique ».

« D'accord, d'accord. Mais ne t'attends pas à ce que je sois content de le faire, » était tout ce que j'ai pu répondre.

Je me suis donc relevé, gardant la mine grise, pour aller à l'étude biblique.

Pourquoi ? Parce que la foi l'exige.

Le revers de la foi est le désespoir.

Il est souvent difficile de vivre par la foi, mais je soutiens qu'il est encore plus difficile de vivre sans elle. Le revers de la foi est le désespoir. Personnellement, je préfère vivre à la lueur d'une foi branlante plutôt que de vivre dans la plus grande obscurité de mes propres compétences.

Tout en me rendant à l'étude biblique, j'essayais encore de trouver une échappatoire. Une fois arrivé, je suis resté un moment assis dans la voiture. J'avais encore le temps de m'en aller et prétendre que j'étais malade, puisque personne ne m'avait encore vu. Au lieu de faire cela, je me suis éventuellement extirpé de mon siège ; j'ai détaché ma ceinture de sécurité, et j'ai traîné le pas sur la longue allée qui menait à la maison.

Je ne voulais vraiment voir personne et j'étais content que l'étude se fasse chez un des fidèles.

L'étude s'est bien déroulée, mais elle manquait d'une certaine puissance qui avait caractérisé les leçons précédentes. Elle s'est terminée sans histoires, et nous en étions aux bavardages.

Cinq minutes avant mon départ, la jeune femme s'est tournée vers moi : « Je n'ai pas de questions concernant la leçon, mais je voudrais vous poser une question sur la foi. »

Je ne pouvais faire que penser : « Quel mauvais, mauvais moment ». Quelle bonne réponse allais-je pouvoir donner quand j'étais si abattu ?

Je sentais que Jésus souriait, et se frottait les mains tout en disant : « Oooh! J'aime ça ! »

En me donnant un grand coup de coude, Dieu m'a dit : « Vas-y, dis-lui. Dis-lui qu'aujourd'hui tu as vraiment eu du mal à garder la foi. Dis-lui que garder la foi a été très difficile pour toi dernièrement. »

J'ai répondu : « Mais, Seigneur, je ne pense pas que ce soit une bonne confession pour un enseignant de la Bible à faire à ses élèves. »

« Fais-le ! »

Et je l'ai fait. Je leur ai parlé de la situation avec Dodjie, et du fait que j'étais resté longtemps allongé par terre, en train de me lamenter. Je leur ai dit qu'en fin de compte, je ne pouvais m'appuyer que sur le fait que Dieu m'avait dit de ne pas m'inquiéter et que tout irait bien. Et bien que je ne savais pas comment cela arriverait, je me suis dit que tout allait s'arranger.

Ma petite confession était plutôt mal placée. Elle faisait tache en plein milieu d'une soirée agréable. Toute cette histoire pouvait inciter une personne à se demander : pourquoi donc a-t-il gâché notre soirée avec cette information mélancolique, et que veut-il qu'on en fasse?

Ne sachant pas quelle tournure cette conversation devait prendre, j'ai tourné mon attention ailleurs. J'ai lancé un regard au cher frère du *Tabernacle of Joy* qui était là en observateur de l'étude, et je me suis rendu compte que je venais juste de lui enseigner ce qu'il ne fallait pas faire lors d'une étude biblique.

Du coin de l'œil, je pouvais voir que la femme — qui m'avait posé la question — et son mari chuchotaient quelque chose. J'ignorais à quel sujet, mais j'étais certain que c'était quelque chose du genre : « Partons d'ici ; qu'est-ce qu'on peut bien apprendre d'un pasteur qui n'a pas de foi ? »

Le mari s'est éclairci discrètement la gorge : « Steve, peut-être que je peux t'aider. »

J'avais du mal à en croire mes oreilles. C'est moi l'enseignant. C'est moi qui ai la Bible et le plan d'étude. Cela fait vraiment mal. Le non-croyant qui aide le pasteur qui manque de foi. J'avais envie d'en rire.

Mais au lieu de cela, j'ai demandé : « Vous pouvez m'aider ? »

« Oui, je le peux. Je suis un ami intime du contrôleur de l'immigration. Jusqu'à récemment, nous étions tous les deux des officiers dans l'armée. Lui et sa femme sont des chrétiens. Je lui donnerai un coup de fil et je lui parlerai de votre situation. Je suis certain que cela l'intéressera. » Il a dit tout cela avec un grand sourire.

Quelle est donc la probabilité qu'une personne à qui vous enseignez une étude biblique dans une nation de plusieurs millions d'habitants soit, comme par hasard, l'ami intime de la personne la plus influente au service de l'immigration du pays ?

S'agissait-il d'une coïncidence que cet homme avait justement reçu le Saint-Esprit la semaine précédant cette étude biblique ? Était-ce une coïncidence que je priais moi-même avec lui quand il a reçu l'Esprit, et qu'à ce moment-là, il semblait prêt à faire n'importe quoi pour moi ? Était-ce une coïncidence que Dieu m'avait dit d'aller vers cet homme, et comme résultat, j'avais commencé cette étude biblique ?

Il ne s'agissait pas du tout d'une coïncidence, mais Dieu avait prévu que tout se passe ainsi ; parce que c'est comme cela qu'il agit avec tous ceux qui sont dans la zone réglementée.

Pendant que je m'occupais des affaires de Dieu en enseignant une étude biblique et en priant avec des gens pour qu'ils reçoivent le Saint-Esprit, Dieu s'occupait de mes affaires.

Cinq jours plus tard, je suis parti aux États-Unis, et Dodjie et Nancy ont quitté Singapour parce que leurs visas d'origine étaient expirés. Mais, pendant mon séjour aux États-Unis, j'ai reçu un coup de fil m'annonçant que le permis de travail de Dodjie avait miraculeusement été accepté et que tout allait bien.

Et tout va bien. Les Cargando vivent maintenant à Singapour, et il est pasteur de l'église philippine. Celle-ci prospère, des ouvriers sont entraînés et renvoyés dans les champs de moisson. Aux Philippines, des églises et des centres de formation sont bâtis pour atteindre les régions non évangélisées pour le royaume de Dieu.

Car, dans la zone réglementée, si vous prenez soin des affaires de Jésus, il prendra toujours soin des vôtres.

Chapitre 4
L'autorité spirituelle, l'unité, et le travail d'équipe

C'était en Éthiopie, en faisant partie de l'équipe de la croisade de Wara, que Jésus m'a aussi enseigné les principes inamovibles de l'autorité spirituelle, de l'unité, et du travail d'équipe.

Arriver à Addis-Abeba était comme un rêve devenu réalité. On m'a rapidement transporté chez le pasteur Teklemariam, et là je me suis assis avec deux des plus grands hommes du monde, le pasteur Tekle et Billy Cole. J'étais dans l'admiration de me trouver dans la présence même de ces deux grands hommes de Dieu. Je pense que c'est là une qualité qui m'a bien servi. L'admiration ! Le respect ! Le service !

Depuis mon enfance, les prédicateurs ont toujours été mes héros. Ce n'était pas Harrison Ford, Clint Eastwood, ou Michael Jordan qui l'étaient, mais des prédicateurs, des évangélistes, et des pasteurs. Je pense que cela venait de mon éducation familiale. Durant toute mon enfance, et pendant que je vivais chez mes parents, je n'ai jamais entendu, même une seule fois, mes parents critiquer ou réprouver le ministère.

Je pensais que les prédicateurs étaient les gens les plus formidables du monde. J'aimais des prédicateurs de tous genres. Je n'ai jamais entendu mes parents les évaluer ou les classer. Je suis sûr qu'ils avaient leurs préférences, mais je ne les ai jamais connues. À leur avis et au mien aussi, ils étaient tous bien : les amusants, les sérieux, les éduqués et ceux qui l'étaient moins. S'ils croyaient à l'enlèvement de l'église avant ou après la tribulation n'importait pas. Je suis sûr que mes parents connaissaient les défauts de beaucoup d'entre eux, mais ils ne m'en ont jamais fait part. J'ai été béni de grandir dans l'ignorance de la faillibilité des prédicateurs.

Quand vous avez du respect pour le ministère, il n'est pas difficile de suivre les instructions. Nous avons davantage besoin de respect et d'admiration. Le respect et l'admiration facilitent le service. Quand j'étais jeune, ce n'était pas une corvée pour moi d'attendre à l'église l'arrivée d'un missionnaire ou d'un évangéliste pour l'aider avec ses bagages. Mon pasteur, Billie Worrell, était un grand serviteur de notre église et de notre région. Il servait avec plaisir. Je n'ai fait que suivre ses traces. En le regardant faire, je me suis rendu compte que c'était un bon exemple à suivre.

Nous devons moins les révéler, et davantage les dissimuler.

Nous avons besoin de plus de respect les uns pour les autres. Nous avons besoin de minimiser les fautes des uns et des autres au lieu de les maximiser. Nous devons moins les révéler, et davantage les dissimuler. Pourquoi préférons-nous révéler plutôt que guérir ? Je pense que c'est parce que nous souffrons d'un manque d'amour.

« Avant tout ayez les uns pour les autres une ardente charité, car la charité couvre une multitude de péchés » (1 Pierre 4 : 8).

Voyez-vous, quand on grandit dans le bonheur de l'ignorance des défauts des autres, à mon avis, ce n'est pas une mauvaise chose. Parce que chez moi je n'ai jamais entendu de choses négatives sur qui que ce soit, je pensais que tout le monde était un saint qui méritait le plus grand respect. Mais, rassurez-vous. J'ai très vite grandi et j'ai découvert que tous les prédicateurs ou tous les saints n'étaient pas parfaits, mais entre-temps, j'avais développé une crainte divine et un grand respect pour les enfants de Dieu.

Tout le monde sait qu'il est plus facile d'exercer son ministère dans certains pays et dans certaines congrégations que d'autres. On se demande pourquoi. L'évangéliste mondial, Billy Cole, a dit que l'étendue du ministère de quelqu'un dépend en grande partie du niveau d'honneur et de respect dont les autres font preuve envers lui. Il a raison. Votre ministère auprès des gens n'ira pas au-delà du respect qu'ils ont à votre égard.

N'oubliez jamais que le respect est une affaire sensible. Tout ce qu'il faut pour déséquilibrer le respect que vous avez envers une personne est que l'on vous dise quelque chose comme : « C'est un bon prédicateur, *mais...* ». Ce seul mot, « mais », peut ternir votre impression sur cette personne. Trois ans plus tard, vous ne vous souviendrez peut-être plus de la partie « c'est un bon prédicateur ». Vous ne vous souviendrez que du mot « mais ».

Parce que nous avons entendu tant de commérages et de vilaines choses sur presque tout le monde, nous n'arrivons à respecter que très peu de personnes. Certains partiraient en plein milieu du message d'un certain prédicateur parce qu'ils ont entendu ceci ou cela sur lui. Et s'ils restent pour l'écouter, c'est pour trouver des « munitions » pour prouver les idées qu'ils ont déjà entendues ou croient déjà sur l'orateur. Si on fait cela, on risque de gâcher une énergie précieuse en pesant le pour et le contre.

« Eh bien, cette personne exerce vraiment un ministère puissant auprès de la foule. Comment peut-elle le faire quand je sais ceci et cela sur elle ? Devrais-je participer et offrir mon soutien ou pas ? Participer signifierait que je mets mon sceau d'approbation sur son ministère. Si je fais cela, qu'est-ce que mes amis penseront de moi, et vont-ils me renier si je soutiens cette personne ? »

Quel gaspillage de temps ! Quel gaspillage d'énergie !

Quand on a enfin décidé que cette personne est convenable, la réunion est déjà aux trois quarts terminée, et ce pauvre prédicateur a dû porter autour du cou notre faible estime de lui pendant toute la réunion, et cela a entravé l'exercice de son ministère auprès de ceux qui consentaient à l'écouter depuis le début.

Je vous prie de ne pas remplir ma tête avec votre information peu charitable.

Ah, quel avantage ce serait ! Si seulement on pouvait effacer de notre mémoire comme on efface le disque dur de notre ordinateur, toute chose peu indulgente qu'on a entendu dire sur certains prédicateurs ou ministères !

Je ne peux pas me débarrasser de toutes les informations passées, mais je peux contrôler les entrées futures.

Je vous prie de ne pas remplir ma tête avec votre information peu charitable. C'est ce que je dis aux gens qui se servent de mon cerveau comme dépotoir.

Mes parents connaissaient le mauvais côté de beaucoup de gens, mais je ne l'ai jamais entendu de leur bouche. Donc, quand un fidèle imparfait témoignait ou un pasteur moins que parfait prêchait à un camp, le ministère était pur et puissant auprès de moi. Je n'étais pas envenimé ou préalablement conditionné à ne pas accepter le ministère d'un tel.

Leur silence avait démontré leur amour et avait protégé le témoignage de l'imparfait.

Faites attention ! Très attention ! Si on passe suffisamment de temps à draguer le fond, on trouvera des raisons pour disqualifier les ministères de tout le monde, sauf celui de Jésus. Voulez-vous une bonne leçon sur le respect ? Allez aux Philippines et en Éthiopie. Une des raisons pour laquelle il est si facile d'exercer un ministère dans ces pays est leur grand respect pour le ministère.

Nous ne serons pas sauvés sans l'exercice d'un ministère. Il faut qu'un pasteur nous guide. Il faut qu'un évangéliste nous aide à faire la moisson. Il faut qu'un enseignant nous explique les révélations de la Parole de Dieu. Je l'ignorais à ce moment-là, mais je le sais à présent, que nous avons aussi besoin de la voix prophétique d'un prophète et de la direction d'un apôtre. Nous avons besoin d'avoir une grande admiration et un énorme respect pour les dons du ministère.

Mes parents ont élevé trois enfants dans la foi, et nous sommes toujours dans l'église. Je pense qu'en partie ils doivent leur réussite au fait qu'ils n'ont jamais terni la réputation des hommes de Dieu ou des saints d'ailleurs. Votre ministère auprès de quelqu'un n'ira pas au-delà du respect que cette personne a pour vous. Nous avons grandi dans le respect pour le ministère et les saints, et en retour nous avons reçu un fondement stable et durable, de la force, et l'amour pour Dieu au travers des ministères de prédicateurs et de saints.

Dans les évènements qui ont précédé ma prédication à des milliers de gens lors de la croisade de Wara (mentionnée dans le chapitre 1), mon respect et mon amour pour le ministère m'ont rendu un grand service. Revenons maintenant à ces faits.

J'étais donc assis là, complètement absorbé, m'accrochant à chaque parole de Billy Cole et de Pasteur Tekle. Je me trouvais dans un brouillard vertigineux d'émerveillement de ce qui m'arrivait, mais le brouillard s'est dissipé quand Billy Cole m'a demandé ce que j'allais prêcher.

« J'aime toujours savoir à l'avance ce que les orateurs vont prêcher. »

J'ai répondu d'une voix qui voulait dire « ah, ben, arrêtez la plaisanterie » : « Donc, pourquoi me demandez-vous ça ? Je ne vais pas prêcher, moi. »

« Mais, bien sûr que oui ! Je vous ai demandé de prêcher quand nous étions à Singapour. »

J'ai commencé à penser. Je sais que je suis distrait. En fait, on pourrait dire que j'ai la réputation d'être un étourdi, mais cela m'étonnerait que j'oublie une invitation à prêcher à quatre cent mille personnes. Peut-être qu'il s'agit d'une épreuve.

J'avais la tête qui tournait à une vitesse vertigineuse. J'étais à la fois terrifié et euphorique à la pensée que j'allais prêcher. Étant donné que mon don motivationnel est l'exhortation, je ne voulais pas rater l'occasion unique de ma vie. Mais, comme je suis de nature timide et je manque d'assurance, j'appréhendais la responsabilité. Je voulais que mon don l'emporte, j'ai donc calculé ma réponse. Je savais que je ne pouvais pas trop montrer la surprise ou la crainte, sinon je risquais de rater cette occasion.

Rassemblant donc tout mon courage, tout en freinant mon enthousiasme, je lui ai répondu que je ne m'étais pas rendu compte qu'il voulait que je parle, mais que j'avais un message.

Juste avant de quitter Singapour, j'avais consulté mon dossier de prédications. Je me rappelle encore du processus de mes pensées avant de boucler ma valise : « Je sais que ce n'est pas raisonnable, Seigneur, de penser qu'on me demandera de prêcher en Éthiopie, mais si cela devait être le cas, Seigneur, que voudrais-tu que je prêche ? »

J'ai choisi une seule prédication et j'ai jeté les notes sur mes vêtements. C'était à cette prédication que je pensais quand j'ai dit à Billy Cole que j'avais un message.

Et bien, comme vous pouvez bien l'imaginer, cette conversation a déclenché une série de nuits blanches. L'insondable responsabilité de prêcher à une énorme foule qui s'étendait devant moi était pour le moins qu'on puisse dire pesante. Cette foule avait été plus tard estimée à plus de quatre cent mille personnes,

Mais, il y avait plus à considérer que moi-même et ce que j'avais à faire. J'étais absolument conscient que j'étais là comme membre d'une équipe ministérielle. Le succès spirituel dépendait de l'unité de l'équipe entière. Donc, quand j'ai entendu dire que Billy Cole avait eu du mal à se reposer pendant plusieurs jours, j'ai décidé de consacrer une partie de mon temps de prière, ce premier soir de mon arrivée, à trouver une réponse à son insomnie.

Je partageais la chambre avec quelqu'un. Ne voulant pas le déranger, je me suis glissé dans la salle de bains pour prier et pour noter des pensées que je ne voulais pas oublier. Puis, un peu soulagé de mon fardeau, je suis allé me recoucher, mais dès que j'étais sur le point de m'endormir, une nouvelle vague de la présence de Dieu a pénétré dans la chambre. Donc, je suis reparti dans la salle de bains pour porter des changements à mes notes et pour prier encore un peu. Et cela s'est poursuivi pendant plusieurs heures.

Des vagues de prière, de louange, et de conversation avec Dieu ont déferlé. À un moment donné, au milieu de tout cela, Dieu m'a demandé : « Veux-tu savoir pourquoi Billy Cole n'arrive pas à se reposer ? »

Bien sûr que je le voulais. Ce serait un joli coup si moi, pauvre petit homme que je suis, pouvais résoudre le problème des nuits blanches de l'homme principal de Dieu ! Or, Dieu n'était pas du tout intéressé à un joli coup pour moi ; ce que Dieu voulait, c'était que je fasse partie de l'équipe, chose que j'ai comprise plus tard. Donc, Dieu me l'a dit. Ci-dessous, j'ai écrit exactement ce que Dieu m'a dit. Ce message ne sera peut-être pas aussi important et pertinent pour vous que moi, mais je vous en fais part tel que je l'avais noté :

« Tu es venu en tant que membre de l'équipe, mais tu n'as pas reçu mon fardeau pour cette réunion. Tu es venu pour voir, pour goûter, pour être émerveillé — mais tu dois d'abord devenir une bête de somme. Aucun de vous ne comprend sa souffrance. »

« Ne sois pas choqué parce que je te dis que tu n'as pas reçu, mon fardeau. Tu ne l'as pas reçu non pas parce que tu as été frivole, mais parce que tu n'es jamais passé par ici auparavant. »

« La mesure dans laquelle j'utilise un homme est directement proportionnelle à sa volonté de recevoir mon fardeau à tout moment, dans n'importe quelle situation. »

« Veux-tu savoir pourquoi j'utilise à ce point Billy Cole ? La mesure dans laquelle j'utilise un homme est directement proportionnelle à sa volonté de recevoir mon fardeau à tout moment, dans n'importe quelle situation. L'intensité avec laquelle un homme démontre ma puissance est directement proportionnelle à sa volonté de recevoir mon fardeau. »

« Billy Cole est un grand homme parce qu'il accepte volontiers mon fardeau. Je vais t'apprendre comment recevoir mon fardeau. Peu importe ce que tu éprouves, ce n'est qu'une fraction de ce qu'il ressent. Tu dois alléger son fardeau. Si vous portez tous votre part du fardeau, mon serviteur Billy sera libre d'exercer son ministère dans le don que je lui ai donné. »

« N'aie pas peur. Tu seras à la hauteur. Je t'ai fait venir pour cette raison. Cette réunion sera la plus merveilleuse jusqu'ici. Mais il faut d'abord qu'elle soit précédée des plus vives « douleurs d'enfantement », et des plus terribles agonies connues jusqu'à présent. Cette équipe et toi avez été choisis pour être dans le jardin de Gethsémané. Vous êtes mes élus pour aider Billy à porter son fardeau, et en faisant cela, vous verrez ma gloire, et vous serez stupéfaits de ce que moi, votre Seigneur, accomplirai. Je t'avertis, cet endroit ne sera pas plaisant pendant les trente prochaines minutes. Tu vas gémir et être en proie à d'atroces souffrances sous le poids d'un million d'âmes. Et pendant un moment, une seconde, je vais partager mon fardeau avec toi. »

Et pendant la demi-heure qui a suivi, je croyais que j'allais mourir. À ce moment-là, je pense que j'ai compris, plus que jamais auparavant, la souffrance que Jésus a endurée dans le jardin. Je croyais que mon cœur allait être écrasé. J'avais l'impression que le poids d'une tonne pressait sur mes poumons et mon cœur. Et tout d'un coup, c'était parti, et une sensation agréable a remplacé la douleur.

Le lendemain matin, j'avais hâte de parler avec Billy Cole pour lui faire part de ma révélation. D'après moi, l'équipe ne contribuait pas au travail. Quelqu'un n'était pas au diapason.

Avec détermination, je me suis alors approché de Billy Cole au petit déjeuner pour lui demander comment il avait dormi, en m'attendant à ce qu'il me réponde que sa nuit avait été horrible. Ensuite, j'allais jouer le rôle du médecin et diagnostiquer le problème. Je lui laisserais le choix de prescrire les médicaments. J'étais sûr que quelqu'un avait besoin d'une dose de correction, et j'étais content que ce ne fût pas moi.

Eh bien, sa réponse a déraillé mes plans.

« J'ai très bien dormi. Merci. Ça faisait longtemps que je n'avais pas eu une aussi bonne nuit de sommeil. »

Comment cela était-il possible ? Dieu m'avait montré le problème. L'équipe n'était pas complètement unie, et certains n'avaient pas reçu le fardeau de la réunion. Jésus m'avait clairement dit : « Vous êtes venu en tant qu'équipe, mais vous n'avez pas reçu mon fardeau. »

Confus, mais pas pour autant découragé, je lui ai dit que j'avais beaucoup prié pour lui et que je pensais avoir la réponse à son insomnie. À ma surprise, il semblait intéressé par ce que ce novice avait à partager. J'ai donc continué en lui parlant du problème de la désunion au sein de l'équipe. Gentiment, et d'un revers de la main, il a complètement balayé ma théorie en répondant :

« Nous nous sommes chargés de ce problème hier, pendant notre moment de prière en équipe. »

Je n'avais pas besoin de discernement pour comprendre que la conversation était terminée. Il était amical et gentil, mais c'était fini. On ne revenait plus là-dessus. On passait à autre chose !

J'étais vraiment déconcerté. Soit il avait tort, soit j'ai beaucoup pleuré pour rien. Comment pouvait-il si facilement ignorer une nuit de prière ?

Est-ce que j'avais entendu la voix de Dieu ou pas ? Je pensais que ce que j'avais vécu venait de Dieu. J'avais cru ressentir la présence de Dieu. J'avais cru entendre sa voix. Si ce n'était pas Dieu, alors je n'y comprends plus rien. Mes pensées tourbillonnaient.

J'ai secoué la tête pour m'éclaircir les idées, puis j'ai adressé l'affaire suivante qui consistait, conformément à son désir, à lui faire part des grandes lignes du message que j'allais prêcher. Comprenez-moi bien. Ce message avait vu le jour dans la fournaise de la prière et du feu. Les cernes sous mes yeux prouvaient que Dieu et moi avions travaillé jusque tard dans la nuit. Pour moi, c'était comme si Dieu lui-même en avait écrit chaque mot. Il m'a semblé alors que chaque mot avait été écrit par la main de Dieu. Moïse n'était pas le seul à avoir reçu un message inscrit sur des tablettes de pierre parce que j'étais convaincu que j'en détenais un aussi !

Puis, Billy Cole a refait la même chose. Je repassais mon message point par point, et il hochait la tête pour dire bien, bien. Puis, arrivé à la partie où je devais parler de la repentance, il m'a arrêté.

« Pas de repentance. Je ne veux pas que vous prêchiez sur la repentance aujourd'hui. »

En une seconde, il avait rejeté une grande partie de mon message. Comment pouvait-il faire une telle chose ? Et de quel droit ? Enfin, si Dieu m'avait poussé à inclure cette partie, ce dont j'étais certain, qui était donc Billy Cole pour me dire de la retirer ?

Pendant une fraction de seconde, c'est ce qui m'a traversé l'esprit. J'avais posé des obstacles pour empêcher que ces pensées ne pénètrent mon cerveau, mais elles s'y étaient quand même infiltrées. C'est ce à quoi je songeais, mais une intuition profonde ne cessait de me dire de tout simplement accepter de bonne foi ce qu'il avait dit.

Ensuite, je me suis souvenu de la leçon sur l'unité et l'esprit d'équipe dont Dieu m'avait parlé en prière la veille.

Cet homme était l'entraîneur et le joueur vedette. Je me trouvais là comme subalterne, comme réserviste.

Oh ! La puissance à la disposition de l'église, puissance qui restera inexploitée jusqu'à ce que nous découvrions notre place et notre rôle dans chaque situation donnée.

Beaucoup s'interrogent peut-être pour savoir si Billy Cole avait même le droit de me demander le contenu de ma prédication, et encore plus de personnes pensent peut-être qu'il n'avait pas le droit d'éliminer la partie sur la repentance. Je ne suis pas d'accord. Dieu m'a rappelé pourquoi il m'avait fait faire ce voyage.

Les grands dirigeants savent comment guider et comment suivre, et ils ont beaucoup d'occasions de faire les deux !

Ma tâche consistait à aider Billy Cole, à porter son fardeau, et à alléger sa charge. Je savais par intuition que pour le faire, il fallait que j'obéisse à la lettre. L'homme de Dieu n'avait pas besoin d'un individu qui prétendait tout connaître, quelqu'un sans expérience qui fonce tête baissée, incapable d'accepter les instructions.

Est-ce possible que Dieu m'ait dit d'inclure cette partie-là juste pour que Billy Cole puisse l'enlever ? Évidemment ! C'était une épreuve de soumission à l'autorité.

Voyez-vous, je n'avais pas trop de difficulté à me plier aux ordres parce que ma position était claire et nette. Je savais avec certitude que je n'étais pas dans mon élément. Je n'avais jamais auparavant ni parlé à des milliers de gens ni porté le fardeau d'une réunion qui allait atteindre un demi-million d'âmes. Je connaissais donc ma place.

Cependant, pour d'autres, cette leçon est très difficile à apprendre. Pourquoi ? *Ils ne se considèrent pas inexpérimentés ou nécessitant des instructions.* Ils ne ressentent pas le besoin que quelqu'un d'autre les aide à entendre ou à identifier la voix de Dieu.

Certains, ayant déjà obtenu un grand succès dans leur propre ministère, ont du mal à admettre qu'ils ont de nouvelles choses à assimiler. Leur pensée prédominante peut être la suivante : *mais je connais autant qu'un tel ou un tel. Surtout, ne vous attendez pas à ce que j'apprenne quelque chose d'une personne plus jeune ou ayant moins de succès que moi, ou de quelqu'un avec moins d'envergure, moins de prestige, ou — Dieu nous en préserve — un plus petit titre que moi. Qu'est-ce que cette personne peut bien m'apprendre ?*

Pourquoi devrais-je lui prêter attention ? J'en sais autant sur Dieu qu'elle.

Toujours l'enseignant. Jamais l'étudiant.

Pourquoi écouter ? Pourquoi se soumettre ? Bonne question. Il n'y a aucune autre raison si ce n'est le simple fait que quelqu'un est toujours responsable. Quelqu'un va assumer la réussite ou l'échec de chaque réunion.

Dieu n'a jamais dirigé par l'intermédiaire d'un comité. Je ne trouve aucun exemple biblique où Dieu se sert de deux individus d'un même rang et les rend responsables en parts égales d'une certaine situation. Dieu choisit toujours son homme et lui donne la charge de prendre les décisions. Si vous êtes quelqu'un qui dirige avec succès et autorité, et vous êtes amené à faire partie d'une équipe, rappelez-vous ceci : peut-être que demain vous dirigerez de nouveau, mais en attendant, votre devoir consiste à vous conformer aux instructions ; acceptez-les et faites-le avec joie. La plupart d'entre nous sont très aptes à conduire, mais moins à suivre.

Les grands dirigeants savent comment guider et comment suivre, et ils ont beaucoup d'occasions de faire les deux !

Dans beaucoup de cas, il y aura toujours quelqu'un qui fera preuve de plus de perspicacité, plus de compréhension, et même plus d'autorité, et les membres de l'équipe feraient mieux d'écouter et d'obéir à celui que Dieu a choisi de mettre à leur tête. Moi, j'ai bien appris cette leçon. Dans les années qui ont suivi, Dieu m'a placé sous le ministère d'autres hommes, pendant un moment, certains plus jeunes que moi, pour être instruit et être encadré dans de nouveaux domaines de ma vie. Voilà un enseignement qui est essentiel.

Reprenons maintenant la leçon sur l'unité.

Rappelez-vous ce que Dieu m'a dit au début ?

« *Tu n'as pas reçu mon fardeau pour cette réunion.* »

Remarquez que Dieu avait parlé à la deuxième personne

du singulier et non du pluriel. Toutefois — et je n'ai aucune idée de comment c'est arrivé — j'ai présumé qu'il ne s'adressait pas à moi seul, mais à l'équipe en général. Quelqu'un n'était pas au diapason, et je suppose que je ne pouvais imaginer que c'était moi.

Je savais que j'étais inclus dans le collectif, mais je ne pensais pas être le coupable. Après tout, Dieu m'avait parlé du travail d'équipe. Et j'avais aussi prié pour l'équipe. Si quelqu'un était au diapason à ce sujet, c'était bien moi !

J'en avais donc conclu que cette désunion était un problème d'équipe qui nécessiterait un message à l'équipe entière. Je m'attendais à ce que Billy Cole prenne ce message de Dieu pour rectifier les choses.

Du moins, c'est ce que je pensais avant qu'il ne rejette ma petite révélation d'un revers de la main au petit déjeuner.

Quand nous sommes montés dans le bus pour commencer notre route de dix heures qui nous amènerait à l'endroit des réunions de la croisade, j'étais encore ébranlé, ahuri par la mauvaise qualité de mon « récepteur spirituel » à capter les transmissions de Dieu. Dix minutes plus tôt, je pensais détenir toutes les réponses. Maintenant, j'étais assis dans les cendres.

Heureusement, Dieu ne m'a pas laissé là trop longtemps.

Alors que le bus faisait des bonds sur la route qui nous menait au lieu de la croisade, tout le monde semblait méditatif, plongé dans la prière. Le diable m'embêtait avec certaines pensées. Comment allais-je prêcher si je n'étais pas sûr d'avoir entendu la voix de Dieu ? Il était évident pour Satan qu'on ne pouvait pas compter sur moi pour savoir quand Dieu parlait. Malgré toutes ces pensées qui me trottaient dans la tête, j'étais déterminé à garder ma concentration, et je me suis mis à prier avec encore plus de ferveur.

À peu près au même moment, Billy Cole a annoncé que quiconque avait quelque chose de la part de Dieu pouvait se lever et en faire part aux autres. Différentes personnes ont partagé des idées significatives, ensuite quelqu'un a de nouveau insisté sur l'unité. C'était à ce moment-là que cela s'est produit. Dieu a diffusé la confusion. Le brouillard s'est dissipé, et la lumière a brillé. Dieu me parlait à nouveau comme il l'avait fait la première nuit. Les larmes se sont mises à couler à flots sur mon visage, et dégoulinaient sur mon siège.

Dieu me chuchotait doucement : « Le message sur l'unité que je t'ai donné était pour l'équipe entière. Tu ne t'es pas trompé. Tu n'as simplement pas compris le moment propice. Ils avaient besoin de mon appel à l'unité et ils l'ont accepté le matin avant ton arrivée, dans la réunion de prière mentionnée par Billy Cole. Mais à cause de ton retard, tu n'as pas participé à la session sur la *réception du fardeau*. Parce que l'unité est d'une importance vitale, j'ai tenu cette séance privée avec toi sur ce que tu as manqué, pour que tu marches à la même cadence que le reste de l'équipe. »

J'étais bouleversé par le fait que Dieu m'aimait tant qu'il m'accordait une telle attention personnelle.

À cet instant même, pendant que j'écris ces lignes, l'importance que Dieu attache à l'unité est gravée à jamais dans ma tête. Cet épisode m'a convaincu qu'il est très facile de mal interpréter ce que Dieu déclare. Il dit une chose, et nous en entendons et en comprenons une autre.

Nous avons besoin les uns des autres pour nous aider à juger la parole que nous recevons de Dieu. Si j'avais ignoré Billy Cole, quand il a calmement rejeté ma « révélation » sur la désunion, et si, étant sûr que j'avais entendu la voix de Dieu, je m'étais quand même levé et j'avais réprimandé l'équipe avec ma « révélation », ils auraient eu raison d'être contrariés. Mon message et moi aurions été la note dissonante qui aurait rompu l'harmonie.

J'ai appris que nous devons faire très attention de ne rien ajouter ni de ne rien enlever de ce que Dieu nous annonce. Et si nous ne comprenons pas ce qu'il a dit ou les choses autour de nous paraissent plutôt contradictoires, il faut que nous restions patients et espérions en l'Éternel.

Quand Dieu a éclairci ce problème pour moi, j'étais à la fois soulagé et circonspect. J'étais soulagé parce que je n'étais pas fou et que j'avais vraiment entendu la voix de Dieu, et j'étais circonspect, car je me suis rendu compte que, plus que jamais, combien il est important de rester connecté avec la voix de Dieu. De plus, j'étais conscient que le réglage de ce que nous avons entendu de Dieu, provient souvent de la voix d'un frère ou d'une sœur en Christ.

Cela s'appelle le travail d'équipe. Cela s'appelle la soumission, se placer sous l'autorité des uns et des autres. Cela s'appelle le respect et l'admiration. Cela s'appelle l'unité. Et c'est le seul moyen par lequel l'Église pourra œuvrer ensemble dans la zone réglementée.

Chapitre 5
Le besoin ou la vision

Dieu a créé en nous un cœur de champion. Dans notre for intérieur, nous possédons la capacité de reconnaître et de participer à l'excellence du dessein et du désir de Dieu. Mais, la chute a anéanti notre capacité innée de reconnaître la volonté et la voie de Dieu. Cependant, tout n'est pas perdu.

L'épée du Saint-Esprit tranche profondément la nature faible et charnelle, et réveille le désir latent de notre cœur de champion d'apporter notre contribution au merveilleux Royaume de Dieu. Plus nous sommes résolus à nous appuyer sur le Saint-Esprit, à apprendre de lui et à l'écouter, plus notre sens du Royaume de Dieu se développe et nous investissons mieux dans les projets de Dieu.

Partager la vision est efficace parce que cela nous permet d'identifier ceux qui ont un cœur de champion, éveillé par le Saint-Esprit et qui se joindront à nous de différentes manières, en nous soutenant dans la prière, en offrant leurs services, en pourvoyant à nos besoins ou en partageant leurs ressources. Mais si nous ne faisons que parler de nos besoins (j'ai besoin de ceci ; et si seulement j'avais cela, je pourrais alors faire le travail et la volonté de Dieu), nous irritons l'esprit du cœur du champion. Essentiellement, ils ne voudront plus nous entendre. En déclarant que nous avons besoin, besoin et besoin, nous démontrons à ceux qui sont spirituellement perspicaces que nous ne dépendons pas de Dieu, mais de l'homme.

Comment donc ? Il y a une attitude qui accompagne la déclaration d'un besoin. La plupart du temps, elle est silencieuse, mais furieuse. Dans ce mode de besoin, notre réussite dépend des autres. Vraisemblablement, à notre insu, quand nous dépendons des gens pour satisfaire nos besoins et qu'ils ne nous aident pas comme nous le voudrions, nous sommes contrariés. L'attitude négative et l'irritation produisent un effet boomerang jusqu'à devenir un cycle sans fin, qui ne s'améliore jamais, et qui souvent s'empire.

Il y a une solution. Laissez-moi vous dire ce que j'ai appris dans la zone réglementée sur le besoin par opposition à la vision.

Nous étions à Singapour depuis deux ans et nous avions l'impression d'être sur la bonne voie dans l'implantation d'une nouvelle église. Nous célébrions régulièrement des victoires, le royaume de Dieu avançait, et nous avions un bon groupe de jeunes croyants. Nous avions cependant un problème : le moment approchait où nous devions rentrer aux États-Unis pour effectuer notre tournée obligatoire des églises en vue de collecter des fonds. À ce moment-là, la tournée prenait en moyenne 24 mois pour atteindre le budget nécessaire.

L'église mûrissait bien, mais les croyants étaient encore des « adolescents » dans la foi. Les laisser pendant deux ans, le temps d'une tournée, serait beaucoup trop long pour eux. Nous avions besoin d'une tournée miraculeuse, une que l'on compterait en mois et non en années.

Je me suis fixé un but de revenir sur le terrain au bout de six mois. C'était un but ambitieux considérant que des missionnaires avec plus d'expérience prenaient bien plus de temps. Demander un tel miracle est devenu une priorité dans ma liste de requêtes de prière.

À l'époque, mon coin favori pour prier se trouvait dans un parc au bord de la mer sur la côte est de Singapour. J'y allais avant le lever du soleil pour me jucher sur ma digue rocheuse préférée. Cet escarpement rocheux saillait timidement sur les vagues qui clapotaient ; dans ce lieu solitaire, je pouvais bloquer tout ce qui voulait accaparer mon attention immédiate, et m'éloigner du stress de performance. Ces pierres sont devenues la plate-forme à partir de laquelle j'ai bombardé le ciel avec ma requête d'un miracle.

À partir de mon point d'observation, je pouvais voir soixante ou soixante-dix navires océaniques amarrés à quai, ballottés par les vagues d'un océan calme. Les navires m'inspiraient à demander l'impossible et l'improbable, car j'avais été fait, tout comme eux, pour naviguer en eaux profondes.

Plusieurs matins sur ma digue rocheuse, je répétais un vieux dicton. *Les bateaux sont à l'abri dans les ports, mais ils ne sont pas faits pour cela. Les bateaux sont conçus pour naviguer sur les courants salés, les vagues et les vents, pour transporter des marchandises précieuses à ceux qui sont dans le besoin.*

J'étais fatigué de rester au port. Il était temps de naviguer sur les eaux profondes du grand et vaste monde de la foi et de la croyance en Dieu.

Ce matin-là, j'avais commencé à prier sur la digue, mais bien vite, je me suis retrouvé au bord de l'eau où je marchais et causais avec Dieu. Environ trois kilomètres sinueux d'empreintes de pieds dans le sable prouvaient que je n'étais pas pressé de faire autre chose, sinon de parler avec lui. D'après moi, pendant ma marche, j'avais démontré mon cas avec une certaine éloquence. En effet, mon désir de savoir s'est branché à son plaisir de diriger.

Je ne sais pas comment cela marche pour les autres, mais en ce qui me concerne, quand je parle avec Dieu, je n'entends pas seulement sa voix, mais je détecte aussi son ton. Ce matin-là, il m'a parlé sur un ton amical et interrogateur.

« *Donc*, tu veux une tournée miraculeuse ? »

Avec un souffle déterminé que sans doute il comprendrait, j'ai répondu : « Oui. Il faut que nous soyons de retour à Singapour le plus vite possible. »

« D'accord, je te donnerai une tournée miraculeuse, mais il faut que tu dépendes entièrement de moi. »

J'ai accepté ces paroles avec plaisir. En fait, je n'avais jamais été mieux disposé à les entendre. J'avais passé du temps à nourrir ma relation avec Dieu, à l'aimer et à le servir de mon mieux. Et, peut-être pour la première fois de ma vie, je n'étais pas intimidé par cette condition. Je croyais avoir déjà atteint le point où je dépendais complètement de lui.

« Pas de problème, je suis l'homme qu'il te faut. Tu veux que je compte entièrement sur toi, pas de souci. » Je souriais avec joie et allégresse.

« Puisque tu dépends complètement de moi, alors ça ne t'embêtera pas de donner aux missions les dix mille dollars que tu as économisés, n'est-ce pas ? »

Lui et moi étions au courant de *ces* dix mille dollars. Dans le portefeuille financier des biens matériels des Willoughby, il n'y avait qu'un « seul » dix mille dollars. Cela avait commencé quatre ans plus tôt avec sept mille dollars, et grâce au succès du marché monétaire, ils s'étaient transformés en une belle somme de dix mille. Cela représentait la totalité de notre richesse accumulée.

En quelque sorte, Jésus m'a pris par surprise. Il s'est approché de moi à pas feutrés pendant que je souriais et me sentais confiant, et il a effacé le sourire de mon visage. Cela m'apprendrait, de me vanter d'avoir la foi.

Tout engagement doit être confirmé par une épreuve d'authenticité.

Dans la zone réglementée, j'ai appris ceci : chaque engagement doit être confirmé par une épreuve d'authenticité.

Pendant que je méditais sur la possibilité d'être complètement fauché, Dieu a fait suivre son coup droit par un croisé qui était le coup de grâce. Étrangement, je n'avais pas eu de mal à accepter l'idée de donner l'argent. Mais quand il m'a dit la raison pour laquelle je devais le faire, je me suis vexé.

« Je veux que tu me donnes les dix mille dollars parce que tu attaches trop d'importance à l'argent. »

Je me suis hérissé, et dans un semblant de calme chrétien, j'ai répondu avec indignation : « Pas vrai ».

J'ai attendu que mon « pas vrai » fasse son effet, puis j'ai ajouté : « C'est faux et je n'apprécie pas que tu me dises une telle chose. En quatre longues années, j'ai à peine regardé trois ou quatre fois le rapport des actions de ce compte. Cet argent n'est pas un sujet qui me préoccupe souvent. »

Une longue pause a suivi. Je savais que je lui avais donné de la matière à réflexion. Je pouvais probablement m'attendre à recevoir des excuses à tout instant.

« Voyons, ce que tu as dit était vrai, mais ces derniers temps tu n'as pas cessé de penser à cet argent. » C'était à mon tour de faire une pause de réflexion. J'y ai réfléchi longuement. Y avait-il du vrai dans ce qu'il avait dit ?

Touché ! Oui, il avait raison. Oh, comme je déteste quand Dieu a raison, et je me fais prendre par le piège de sa vérité. Ce n'était pas un vilain piège, mais un piège de vérité pour mon bien. Maintenant que cette question d'argent avait été étalée au grand jour, Dieu pouvait mettre mon cœur à découvert et me révéler combien je dépendais vraiment de lui.

La vérité que Dieu a révélée à propos des dix mille dollars était le pivot de mon grand plan. Il était très important pour moi que ma famille m'accompagne dans cette tournée des églises. L'argent allait servir d'acompte dans l'achat d'un véhicule quelconque. Cet argent me permettait d'avoir différentes options. Et bien que cela me dérangeait de l'admettre, j'y avais beaucoup pensé à cet argent depuis deux mois, alors que j'examinais toutes les possibilités.

Dans la parabole de Jésus, « La perle de grand prix », la perle a coûté au marchand tout ce qu'il avait.

> « *Il a trouvé une perle de grand prix ; et il est allé vendre tout ce qu'il avait, et l'a achetée* » *(Matthieu 13 : 46).*

La majorité d'entre nous ne croient pas vraiment qu'il a tout vendu. Nous sommes sûrs qu'il avait des économies quelque part. Quand Dieu nous demande de dépendre de lui concernant notre logis et nous renonçons à la maison, nous supposons, tout naturellement, que nous avons répondu à l'appel. Nous sommes assez certains qu'après avoir renoncé à la maison, Dieu ne va pas également exiger la caravane de camping et la tente. Enfin, si je donne ma maison, ma caravane, et ma tente, où vivrai-je ? Donc, est-ce que nous dépendons vraiment de lui ?

De même, si Dieu réclamait « tous » nos moyens de transport, est-ce que cela comprendrait le quatre-quatre, le vélo tout terrain, et le bateau de ski nautique — ou « tous » est simplement une figure de rhétorique ? Dieu, pas Larousse, a rédigé le dictionnaire du langage, et il semble que quand Dieu dit *tout*, c'est exactement cela qu'il veut dire.

Et bien, dans mon cas, il serait assez juste de dire que si nous donnions les dix mille dollars, Dieu posséderait donc tous nos biens, et par conséquent, nous dépendrions complètement de lui. Je ne plaisantais pas avec Dieu et je savais qu'il ne plaisantait pas avec moi, par conséquent j'ai répondu assez rapidement.

« Je donnerai l'argent aux missions et je ne compterai que sur toi, tout en sachant que je devrai faire face à ces déplacements sans coussin de sécurité. Mais, il y a quelque chose que je voudrais que tu fasses. Il faut que tu en parles aussi à Barbara. Je ne donnerai pas l'argent sans son consentement. »

Nous avons conclu l'affaire. J'allais assumer ma part, et Dieu allait assumer la sienne. Je suis rentré chez moi, convaincu que Dieu m'avait parlé. En entrant dans la maison, j'ai arrêté Barbara avec ma requête alors qu'elle se rendait à l'étage.

« J'ai besoin que tu m'aides à prier au sujet de quelque chose. Je sens que Dieu me demande de donner de l'argent, et il me faut la confirmation du montant. » Elle a simplement dit « d'accord », puis a continué à monter l'escalier sans jeter un coup d'œil en arrière.

Quelques jours sont passés et elle ne m'avait toujours rien dit. Je l'ai donc invitée à déjeuner, et après avoir passé la commande, je me suis lancé dans l'inconnu.

« Je t'ai demandé de prier au sujet de l'argent que nous allons donner, mais tu ne m'as toujours pas donné de réponse. Est-ce que tu as prié à ce sujet ? » Je fredonnais cette question d'une voix des plus douces et des plus implorantes, en faisant très attention à mon ton, car il n'y a pas de plus puissant fusible que l'argent pour déclencher une dispute.

Elle m'a regardé avec un sourire coquin.

« Je n'ai pas eu besoin de prier ! Dieu m'a indiqué la somme pendant que je montais l'escalier. »

« Tu l'as toujours su ? Pourquoi n'as-tu rien dit ? »

« Tu ne m'as pas demandé ! »

J'ai essayé de sourire. « Alors, combien t'a-t-il dit, Barb ? »

« Toi, le premier. »

« Non, toi, » ai-je dit d'un ton taquin et en plaisantant.

Puis elle l'a laissé échapper : « Dix mille dollars ! »

J'étais stupéfait.

« Incroyable ! Est-ce que tu te rends compte de ce que tu viens de faire ? Tu viens tout juste de confirmer le montant. Ça y est, c'est décidé. Maintenant, il faut que nous donnions cet argent ! »

Nous nous sommes mis à rire de nervosité et d'emballement. Nous savions que Dieu était dans tout cela, et nous étions remplis de foi. Mais dans la chair, nous ne pouvions nous empêcher d'être un peu inquiets. Cependant, dans l'ensemble, nous nous sentions euphoriques.

Nous avons fait le nécessaire pour donner l'argent à un projet de croisade en Europe. Cette décision sera l'objet d'une autre histoire plus tard. L'important, c'est que nous étions munis d'une promesse, et nous possédions le *rhema* concernant notre voyage.

J'ai prévu que notre retour aux États-Unis coïncide avec le camp dans mon État d'origine. J'étais sûr que ce serait l'endroit où Dieu lancerait notre miracle. Pouvait-il y avoir un meilleur endroit que parmi des compatriotes et des amis ? Mais, à la même période, la sœur de Barbara a eu un terrible accident et ses deux enfants ont été hospitalisés. L'un était blessé, mais se rétablissait bien, pendant que l'autre ne tenait à la vie que par un fil.

Nous sommes partis à toute vitesse, après quelques centaines de kilomètres, nous sommes arrivés à Chicago pour veiller au chevet du lit où une vie était en jeu. Quand la condition de l'enfant s'est stabilisée, j'ai téléphoné à mon district pour les avertir que je ne serais pas présent pour l'entièreté du camp, mais que je ferais tout mon possible pour être présent à la réunion des Missions globales. On m'a dit qu'on ne savait pas encore quand cette réunion allait avoir lieu.

Pas de problème. Je leur ai dit de me donner un coup de fil quand ce serait décidé.

Après avoir quitté Chicago, nous sommes retournés chez mes parents, et nous n'avions toujours pas de nouvelles au sujet de la réunion des Missions globales. J'ai commencé à avoir des hallucinations provoquées par la crainte.

Pourquoi ne veulent-ils pas ma présence à la réunion des Missions globales ? Pauvre de moi. Personne ne m'aime. Personne ne veut subvenir à mon besoin. J'ai consacré de bonnes années de ma vie à ce district, travaillant dans la cuisine et sacrifiant mes vacances pour être conseiller au camp. Et c'est comme cela qu'on me remercie ? Comment les gens peuvent-ils être si égoïstes, égocentriques, et insensibles ?

C'est drôle, mais ce dont nous accusons les autres est le reflet de notre être intérieur. Voilà que je les accusais d'être égoïstes, quand clairement, à ce moment-là, j'étais le centre de mon propre univers. J'étais vexé par l'absence d'un appel téléphonique, car je supposais que rien n'était plus important que de s'occuper de moi. Ne savaient-ils pas qu'ils avaient le devoir de répondre à mes besoins ? Comment osaient-ils ne pas me mettre en tête de liste du million de responsabilités qu'ils avaient ? Or, je n'étais pas conscient de mon attitude à ce moment-là. Cependant, sous peu l'amour révélant l'odieux allait mettre en lumière les profondeurs les plus secrètes de mon être.

Le lendemain, mon père a découvert que le service des Missions globales allait prendre place ce soir-là et il m'a demandé si j'y allais. Je lui ai dit non. « S'ils ne prennent même pas la peine d'appeler, ça ne me dit pas d'y aller. » Et je n'y suis pas allé.

À votre avis, ce soir-là, quel degré d'intimité avec Jésus ai-je eu avec une telle attitude ? Rappelez-vous que je n'avais aucune preuve de leur rejet. Les seuls faits que j'avais venaient de mon imagination féconde.

Et cette imagination a continué à travailler, surtout quand j'ai entendu le lendemain qu'on avait collecté une belle somme d'argent pour le missionnaire qui était présent à la réunion. Évidemment, je savais pourquoi ils l'avaient aidé. Ils l'aimaient. Il avait été un pasteur bien connu dans le district, mûr et stable. Moi, par contre ? Je n'étais qu'un jeune qui aimait s'amuser et qui avait aidé lors des camps, et avait été à l'école biblique, puis avait été oublié.

Mon attitude était une invitation ouverte à l'ennemi. C'est ainsi que le diable se présente et remue le couteau dans la plaie. « Alors, tu vas avoir une tournée miraculeuse, n'est-ce pas ? Comment comptes-tu le faire quand tu n'arrives même pas à te faire inviter à la réunion des missions de ton propre district ? »

J'ai horreur de donner au diable ce qui lui est dû. Mais il avait raison, j'étais perdu. Je suis sorti furtivement de la maison pour marcher et prier, mais je n'arrivais pas à prier. Je me débattais avec la culpabilité. Je me prenais en horreur pour l'envie que j'éprouvais sans cesse envers cet autre missionnaire qui avait reçu l'aide. Comment pouvais-je être si pourri et leur en vouloir pour avoir obtenu un soutien ? Quelle sorte de personne ne se réjouirait pas avec eux ?

Je savais que mes sentiments étaient vilains, mais j'avais beau essayer d'appuyer fort sur la plaie, je ne pouvais arrêter l'écoulement de la déception, de l'envie, et du rejet imaginé.

Le pas lourd et les épaules affaissées, j'ai repris le chemin vers la maison de ma mère, me préparant mentalement à passer une triste journée dans le désert d'incrédulité. Tu parles d'un miracle, ai-je pensé. C'est alors que j'ai senti une certaine détermination surgir. Je n'aimais pas ma façon de penser, et d'une manière ou d'une autre, avec l'aide de Dieu, j'allais changer mes pensées.

C'est vrai, je me sentais désabusé, trahi et abandonné. Et cela semblait être ma réalité, j'habitais à ce moment-là au milieu de ces sentiments, mais avec l'aide du Seigneur, je n'allais pas y rester. Comme dit le vieux dicton, on ne peut pas empêcher les oiseaux de survoler notre tête, mais on peut les empêcher d'y faire leur nid. J'ai résolu qu'il n'y ait pas de nid.

Je venais à peine d'arriver à la maison quand j'ai reçu un appel. Un cher ami de confiance, un mentor se trouvait au bout du fil. Ne sachant aucun détail de la déception que j'avais éprouvée ces derniers jours, il a entamé la conversation en disant : « Le diable va essayer de voler ta vision. »

C'était l'euphémisme de l'année.

Il a ajouté : « Je t'appelle juste pour te dire de ne pas laisser tomber ta vision. Elle peut s'accomplir, car rien n'est impossible à Dieu. »

Ensuite, il m'a raconté l'histoire récente d'un missionnaire qui avait collecté l'entièreté de son budget en seulement trois semaines.

« N'abandonne pas ton rêve. C'est faisable. Dieu va t'aider. »

Oh, la puissance d'un appel inspiré par l'Esprit qui apporte l'encouragement et le réconfort ! S'il vous arrive d'avoir une envie soudaine d'appeler quelqu'un pour lui parler, ne l'ignorez pas. Même si vous n'avez rien de spécifique à dire, mais cette personne continue à refaire surface dans votre esprit, appelez-la, envoyez-lui un mot par la poste ou un email. Très souvent, quand vous faites cela par la foi, le Seigneur vous révélera l'objectif de son incitation. Même si tout ce que vous avez est la sensation que Dieu vous a parlé, établissez le contact. Votre appel pourrait constituer le facteur décisif dans une lutte de la foi. C'était le cas pour moi.

Grâce à cet appel, je me suis débarrassé de la pitié et du désespoir qui encrassaient mon esprit. Oh, la puissance d'un ami, et la force qui vient de l'union de deux personnes ! Sans le moindre doute, je savais à ce moment-là que j'avais un partenaire dans la foi, et avec Dieu nous étions trois, ce qui suffisait pour avoir une majorité, d'autant plus que le troisième était l'auteur de tout cela. J'ai redressé les épaules et revendiqué ma promesse, en la « polissant » avec une nouvelle déclaration verbale de la foi à mon ami et mentor.

« Je ne sais pas comment il va le faire. Il est évident qu'il ne l'accomplira pas comme j'avais prévu, mais il le fera néanmoins. »

Sur cela, j'ai raccroché avec gratitude, sachant que Dieu avait redoublé d'efforts et agit avec une parfaite précision pour me faire savoir qu'il ne m'avait pas abandonné et pour me rassurer qu'il était plus grand que mes circonstances. Une fois de plus, cela m'a rappelé que je devais dépendre de lui et non des hommes.

Mon radar spirituel frissonnait parce qu'une partie de ce que mon partenaire dans la foi avait prononcé résonnait dans mes oreilles, et je savais que ces paroles détenaient la clé de mon miracle. Que m'avait-il donc dit ? Il m'a dit que le missionnaire qui avait réussi à collecter son soutien en trois semaines l'avait fait parce que, pendant qu'il priait, Dieu lui avait donné une idée qui, une fois mise à exécution, avait abouti à son miracle.

Et voilà, j'avais la réponse. Je devais prier pour que Dieu m'inspire une idée, puis je devais la mettre à exécution par la foi. Dieu ne fait pas de différence entre les personnes. Ce qu'il fait pour l'un, il le fera pour l'autre ! Un concept simple qui n'est puissant que si on y croit vraiment.

Plusieurs commettent leur erreur à ce point-ci. Nous entendons l'histoire d'une personne qui a reçu un miracle à la suite d'une idée qui lui est venue dans la prière, et tout ce que nous voulons faire, c'est connaître cette idée. Nous voulons savoir ce que Dieu leur a dit, en pensant que la puissance se trouve dans l'idée, et que si nous l'imitons, nous aurons le même résultat.

Pas du tout ! Vous n'avez pas compris le principe. Le principe est celui-ci : c'est à *vous* de prier au-delà de votre problème jusqu'à ce que *vos* oreilles sont capables d'entendre la solution sur-mesure que Dieu a conçue spirituellement *pour vous* et *vos circonstances.* La plupart d'entre nous veulent le faire de façon paresseuse. Nous voulons omettre la prière et l'agonie et la crucifixion de notre chair et simplement imiter le succès d'un autre sans avoir à verser de sang, de sueur, et de larmes. Or, dans la zone réglementée, il y a un prix à payer.

Parfois, nous sommes trop prompts à accepter la proposition tentante que Jésus a rejetée. Rappelez-vous quand Satan a tenté Jésus en lui disant que si celui-ci l'adorait, le monde entier se prosternerait devant lui. Cette tentation était un raccourci — Jésus, tu peux avoir le royaume sans la croix.

Mais n'oubliez jamais qu'il y a toujours une croix, pour moi, pour vous, et pour celui qui veut être son disciple.

Le secret pour obtenir ce dont vous avez besoin de la part de Dieu est de prendre ce Dieu du Livre, le sortir du Livre, et le faire rentrer dans votre vie. Dieu veut donner vie aux bénédictions et aux promesses recueillies dans la Bible et les accomplir dans votre vie actuelle. Mais elles ne s'accompliront pas si vous passez votre temps à rechercher des formules qui viennent des autres.

Chacun doit donner naissance à son propre miracle. Plagier la vision d'un autre ne marchera jamais. On ne peut pas doubler le surnaturel en imitant. Vous pouvez prendre la photo d'un gâteau, mais cette photo ne sera pas sucrée. Si vous voulez goûter à la douceur de ce gâteau, il vous faudra prendre les ingrédients de base, battre quelques œufs, allumer le four et en supporter la chaleur.

La foi est la monnaie des miracles. La foi vient en écoutant, non pas en écoutant ce que Dieu a dit à quelqu'un d'autre, mais ce que Dieu vous a dit. Comprenez-moi bien ; je ne dis pas que vous ne pouvez pas apprendre ou bénéficier de la vision d'un autre, mais l'essentiel est que vous ne pouvez copier que le principe. Les détails doivent naître dans le fourneau de votre propre foi éprouvée par le feu. L'amalgame de vos besoins et des ingrédients de base donnera naissance à votre propre vision.

Dieu permet les besoins afin de nous encourager à dépendre de lui. La preuve spirituelle que l'on dépend de Dieu est la prière, au bout de laquelle Dieu murmure des promesses ; celles-ci, infusées de foi, créent une vision qui à son tour, déclenche l'action, accomplissant ainsi le commandement de l'Évangile d'*aller*.

Donc, je disais que mes détecteurs du Saint-Esprit vibraient. Tout ce qui me restait à faire était de prier le *logos* jusqu'à ce que j'entende le *rhema* pour ma situation. À peu près au même moment, Barbara est sortie de sa propre réunion de prière. Elle s'est présentée devant moi, les yeux grands ouverts.

« Steve, Dieu m'a dit de te dire que les gens ne donnent pas en fonction d'un besoin, mais en fonction de la vision. Pour avoir une tournée miraculeuse, il va falloir que tu parles de notre vision au lieu de notre besoin. » Puis, elle est partie.

Elle a laissé derrière elle une idée double qui consistait, d'un côté, à prier jusqu'à l'obtention d'une promesse, et de l'autre, de ne pas parler du besoin, mais de présenter la vision. Ensemble, ces pensées ont formé la base de ce qui est devenu un temps de prière qui a duré six heures. Ne me prenez pas pour un homme super spirituel. Le fait que je mentionne que j'ai prié pendant six heures devrait vous indiquer que c'était une nouveauté et non la normalité.

J'ai donc commencé à prier. J'avais à peine avancé dans mon temps de prière que Dieu m'a surpris avec une énorme divulgation d'informations.

« Premièrement, tu dois changer ton attitude. »

« Vraiment, qu'est-ce qui ne va pas avec mon attitude ? » J'ai posé cette question parce que cela ne me gênait pas vraiment, et j'étais sûr qu'au niveau de l'attitude, je n'étais pas tout en bas de l'échelle. Enfin, c'est ce que je pensais avant que Dieu me réponde :

« Elle est dégoûtante, en fait, elle est complètement écœurante. »

Et bien, pour que Dieu la qualifie d'écœurante, c'est que mon attitude n'avait pas seulement besoin d'une rectification, mais qu'elle avait plutôt besoin d'une révision totale.

J'ai inspiré profondément et me suis lancé : « En quoi mon attitude est si mauvaise ? »

Je me préparais à riposter avec ma meilleure excuse.

« Elle est pleine d'orgueil. »

Stupéfait, en contrôlant le magma brûlant de colère qui se trouvait juste sous la surface, je l'ai invité à poursuivre le dialogue avec une simple question directe : « Comment cela ? »

Il y a une leçon à tirer ici. Ne demandez pas à Dieu de vous dire quelque chose à moins que vous ne vouliez absolument le savoir. Il est fort probable que vous receviez plus d'information que vous ne le souhaitiez ! Mais si vous êtes suffisamment courageux, allez-y et demandez, parce que même si vous ne le voulez pas, vous avez besoin de le savoir. Tout comme l'encens d'autrefois, cela laissera un goût amer dans votre bouche jusqu'à ce que vous le mélangiez et le mâchiez avec du pain. Ensuite, le goût s'adoucit.

Je me contenterai de vous dire que le goût n'avait pas encore atteint le doux. La dernière remarque que Dieu m'avait faite était plutôt acerbe.

D'après son ton, je savais que Dieu n'était pas en colère et qu'il ne me jugeait pas. Il répondait simplement à ma question pour mon bien. Je suis capable d'accepter la correction qui est faite avec amour. J'ai donc écouté.

« Lors de ta dernière tournée de collecte de fonds, ton attitude avait vraiment dégoûté les pasteurs. »

Dieu a attendu que ses paroles fassent l'effet pendant que je commençais à analyser mes émotions concernant la tournée.

Une façon de penser qui méritait d'être examinée de près était ma détermination de ne jamais demander un P.E.M., qui signifie Partenaires en Missions. Il s'agit de la promesse qu'une église fait de soutenir financièrement un missionnaire pendant son prochain mandat de quatre ans.

Je ne sais pas pourquoi, mais j'en avais déduit que demander à un pasteur de devenir un partenaire me réduisait à mendier. Selon moi, la raison de ma présence dans leur église était claire et évidente. Si un pasteur n'était pas capable de comprendre pourquoi je me trouvais là et ce dont j'avais besoin, je n'allais pas perdre mon temps à essayer de l'éclairer. S'il voulait m'aider, qu'il m'offre donc de le faire, mais je n'allais pas l'implorer. C'était tout simplement ce que je m'étais promis.

Vous avez sans doute le souffle coupé par l'audace de ce missionnaire. Vous vous demandez comment il a même pu être nommé missionnaire. Je peux vous garantir que ce n'était que par pure grâce. Je suis sûr que c'était parce que Dieu savait que je consentirais à apprendre une fois qu'il m'aurait envoyé dans la zone réglementée !

Le moment d'apprendre était arrivé. Les cours avaient commencé…

« Révisons un peu toute ton attitude. »

Ainsi, Dieu m'a fait passer en revue ma tournée précédente. Je me suis rappelé de réunions des missions qui avaient été organisées par des églises que j'avais estimées prospères. J'avais commencé mes trajets pour collecte de fonds en espérant fortement que ces riches églises allaient m'offrir le soutien dont j'avais besoin, pour que je puisse rentrer rapidement à mon champ de mission. Plus tard, après un défilé de *présentations du besoin* qui, selon moi, avaient abouti à l'indifférence ou au rejet, j'ai commencé à veiller sur mes attentes.

Mon faible espoir était voilé par une pensée persistante : ils peuvent m'aider s'ils le veulent, mais je ne veux pas trop y compter. Je présentais avec éloquence ma liste longue et émouvante de besoins, tout en les accablant d'une tonne de culpabilité en insinuant que, s'ils ne m'aidaient pas, ils seraient coupables de mon échec à accomplir la volonté de Dieu, ou à tout le moins, d'avoir été un empêchement à son accomplissement. Je me disais que, s'ils étaient capables de m'aider, mais refusaient de le faire, je les mettrais alors sur le mur divin de la honte.

Oh, je ne l'ai jamais exprimé de vive voix. Et j'ai dissimulé extérieurement mes sentiments avec un sourire compatissant. Mais à l'intérieur, je pensais, si seulement vous, gens charnels et matérialistes, sortiez de votre cocon d'égocentrisme, d'apathie, et d'indifférence, je pourrais alors retourner sur le terrain et gagner les âmes perdues. Comme résultat, juste sous la surface se trouvait un chaudron bouillonnant de mépris silencieux envers les gens pour le manque d'intérêt.

Ne se rendent-ils pas compte que mon appel est noble et qu'ils devraient m'aider avec mon besoin légitime ? Chaque rejet faisait croître mon ressentiment et mon cynisme. Le rejet était douloureux, donc pour me protéger, je me préparais à l'échec en diminuant davantage mes attentes. Je me disais qu'il valait mieux n'avoir qu'un faible espoir et être agréablement surpris si, en fin de compte, quelqu'un décidait de m'aider.

En plus, dans cet amalgame se trouvait la colère contre Dieu. Je ne l'ai pas exprimée, mais toute réflexion faite, elle était là. J'en voulais à Dieu de me faire subir ce cycle interminable de mendicité et de rejet. Pourquoi les gens étaient-ils si charnels, et pourquoi Dieu était-il si lent à les changer et à leur ordonner de subvenir à mon besoin ?

Pour ainsi dire, durant ma première tournée, plus je me complaisais dans cette attitude, plus je m'enlisais dans la boue de l'apitoiement.

Quand j'ai regardé ma façon de penser avec la lentille divine, j'ai facilement compris pourquoi Dieu m'a demandé de changer mon attitude. J'étais écœuré de l'ignominie de mon étroitesse d'esprit, de mon ressentiment, et ma colère. J'étais aveuglé par les larmes qui inondaient mes yeux, mais je n'étais pas encore entièrement prêt à capituler. Pas tout à fait. La façon d'agir d'Adam était si enracinée dans mes gènes, que j'ai tenté d'atténuer ma honte en me justifiant.

Mais Seigneur, je n'ai jamais dit à vive voix ce que je ressentais. Je prenais soin d'avoir une belle apparence et de surveiller mes paroles devant les gens. Comment une attitude tacite peut-elle causer tant de dégâts ?

« Parce que, même si elle est tacite, elle n'est pas cachée. Comment peux-tu être aussi naïf pour croire que ce que tu as dans le cœur ne déteindra pas sur l'esprit des gens, et ne s'y infiltrera pas ? » Voilà ce que Dieu m'a demandé d'une voix étonnée.

« Laisse-moi t'expliquer ce qui se passe. Quand tu vas dans une église avec ta vieille attitude, certains pasteurs t'aident parce qu'ils ont les missions à cœur. Ils t'aident parce que tu es un missionnaire attitré et ils font confiance au système. Tu ne les as pas particulièrement impressionnés, mais tu fais partie d'un bon programme, et ils aident tous ceux qui sont nommés comme missionnaires par l'organisation. »

« Puis, il y a les autres ! La façon dont tu affectes le plus grand pourcentage des pasteurs que tu rencontres est en quelque sorte neutre. Ils n'arrivent pas à trouver une raison particulière pour laquelle ils ne t'aiment pas. Tu es un gars assez sympathique, mais ils n'éprouvent pas une motivation contraignante de t'aider. Par conséquent, ils n'ont pas de mal à dire non. »

« La troisième façon dont tu peux affecter un pasteur est de le rebuter complètement. Il n'arrive probablement pas à mettre le doigt sur le problème, mais il sent que quelque chose ne tourne pas rond. Avec son radar spirituel qui émet une alerte faible, il ne se sent pas du tout obligé de t'aider. Ainsi donc, avec ton attitude actuelle, tu n'as pas de grandes chances de solliciter leur soutien. »

Ses paroles sonnaient juste. J'ai pleuré, sachant que chaque mot était vrai. J'ai alors compris pourquoi j'avais visité église après église avec si peu de résultats.

J'ai commencé à sangloter et à trembler sous le poids de ma culpabilité, en réalisant les dégâts que j'avais infligés à la cause des missions. J'étais chagriné par le goût amer que j'avais laissé dans la bouche de tant de pasteurs. Avec une exactitude venant de Dieu et une vision claire, j'ai observé mes attitudes répugnantes et mes actions à travers les yeux de Dieu. Ce que j'ai vu exigeait la repentance. Je me suis donc repenti.

La véritable repentance est l'un des plus grands miracles de la vie. La repentance ne nous laisse jamais désespérés, vaincus ou abattus.

La véritable repentance est l'un des plus grands miracles de la vie. La repentance ne nous laisse jamais désespérés, vaincus, ou abattus. Si la culpabilité et la honte sont nos symptômes, nous sommes donc sous la condamnation et non la conviction du péché. Satan nous condamne ; Dieu nous convainc de péché. La condamnation émane de Satan ; la conviction provient de Dieu. Le sentiment de condamnation nous pousse à nous enfuir, nous cacher, et abandonner. La conviction du péché mène à la tristesse selon Dieu, et la tristesse selon Dieu mène à la repentance. La conséquence indirecte d'une repentance authentique est le courage de recommencer.

J'ai déversé le fiel amer de mon péché et je me suis laissé imprégner de la chaleur du sang de Jésus qui me couvrait. Cela m'a donné le courage d'insister pour plus de révélation et de discernement.

« Encore une chose. »

« Quoi ? On n'a pas fini ! » Oh non, c'est reparti.

« Il faut que tu te vendes plus. »

« Que veux-tu dire par là ? »

« Tu dois être plus agressif. Il faut que tu demandes un engagement de la part de ceux qui t'écoutent si tu veux qu'ils partagent ta vision. »

Maintenant, j'étais vraiment confus. Et ce mot « agressif » m'effrayait. Je n'aimais pas l'agressivité. Je me suis souvenu d'un pasteur qui disait que c'était prévenant de la part d'un missionnaire de laisser un formulaire de P.E.M. sur le pupitre, à la fin de sa présentation, pour gentiment rappeler au pasteur son besoin d'être soutenu. Je me suis aussi rappelé des paroles d'un autre pasteur, dans une autre église, qui était furieux quand un missionnaire pensait qu'il était si bête, qu'il fallait lui laisser un formulaire de P.E.M. sur le pupitre. Pour en rajouter à ma crainte, j'avais entendu des plaintes contre des missionnaires agressifs et persistants, et la façon dont les pasteurs les méprisaient.

« Je ne suis pas du genre de ceux qui insistent. Comment savoir quand on est suffisamment agressif et quand on a dépassé les limites ? » Si j'allais être efficace, il fallait que je sache tout cela, et bien davantage.

Étape par étape, question après question, Dieu m'a dit ce que je devais faire. Il m'a aidé à comprendre la crainte que les pasteurs éprouvent envers les inconnus qui profitent de leurs membres ; ils contournent le pasteur pour obtenir de l'argent des fidèles. Cette inquiétude des pasteurs que Dieu m'a révélée est légitime. C'est le devoir d'un berger de protéger ses brebis. Alors, comment présente-t-on sa vision sans mettre le pasteur mal à l'aise, mais en même temps, faire comprendre qu'un simple fidèle peut faire une différence s'il partage votre vision ? Là était ma difficulté.

Bien sûr, Jésus avait une idée, une bonne idée sur la façon de présenter ma vision.

Après cette réunion de prière profonde et émouvante avec Dieu, je suis parti, revigoré par mon idée divine. Nous l'avons mise en exécution, et elle a eu du succès ! Les partenaires ont afflué de toutes parts.

Peu de temps après, un des responsables missionnaires nous a dit que notre façon d'obtenir des partenaires dans notre organisation était devenue un modèle. D'autres missionnaires ont commencé à s'informer sur le secret de notre réussite. Mais, même après avoir raconté mon expérience et avoir expliqué le principe de la présentation de la vision plutôt que du besoin, certains d'entre eux ne l'ont pas compris. Certains pensaient encore que le succès venait d'une présentation ou d'une phraséologie accrocheuse, et que s'ils pouvaient l'imiter, ils réussiraient aussi.

J'aurais pu leur dire les phrases exactes, et cela m'est arrivé de le faire. Mais cela n'avait rien à voir avec les mots en tant que tels. Comme je l'ai déjà dit, cela m'étonnerait si ma façon d'agir marchait pour quelqu'un d'autre. Mais, il y a une chose dont je suis sûr : si ce n'est pas les détails de présentation, du moins le principe marchera pour tout le monde.

Qu'est-ce le principe ? *Les gens soutiendront une vision bien plus facilement qu'un besoin.*

Priez jusqu'à ce que vous receviez de Dieu la façon de présenter votre vision, puis obéissez. Priez et obéissez.

Pendant ma nouvelle tournée, j'ai donc parlé de ma vision. J'ai raconté aux gens d'où nous sommes partis, qu'elle était notre situation actuelle, et le but que nous voulions atteindre. Je leur ai raconté des témoignages de faits passés, et je leur ai ouvertement partagé mon rêve d'événements futurs. Les gens croyaient que nous avions en vue une destination intéressante, et ils comptaient nous suivre. Nous nous présentions à eux comme un sage investissement en vue du salut des âmes.

« Investissez dans Singapour. Investissez dans le *Tabernacle of Joy*, l'Antioche de l'est, et vous obtiendrez un grand rendement en âmes. »

Environ six mois après le début de cette tournée miraculeuse, nous avons appris que notre résidence permanente (RP) à Singapour avait été acceptée. C'était un miracle d'une grande ampleur.

La pression, le stress, et l'incertitude du rituel de renouvellement annuel du visa seraient terminés, une fois que nous serions en possession de notre carte de résidence permanente. Le seul point délicat était que nous devions retourner à Singapour pour en prendre possession. Nous avions un délai de six mois pour le faire, sinon, la demande serait retirée et perdue. Quelque chose de si précieux ne pouvait pas être perdu.

Je soutenais que si les pasteurs se rendaient compte de l'urgence de notre « besoin » de retourner rapidement pour prendre possession de ce permis de séjour, ils nous aideraient certainement. Je me suis donc mis à partager ce besoin urgent dans ma présentation. Pendant quatre réunions consécutives, nous n'avons reçu aucun partenaire. Jusque là, il ne s'était pas passé deux réunions sans que nous recevions un partenaire. En fait, en moyenne, 80 % du temps, nous avions atteint notre but, mais maintenant nous le manquions chaque fois.

Je suis allé gémir auprès de Dieu. « Pourquoi ? Pourquoi ? »

Dieu m'a dit que nous avions oublié la formule. « Tu n'as fait que parler de ton besoin. Peu importe l'urgence de ton besoin, il faut que tu te concentres sur la vision. »

Je l'ai donc fait, et les quatorze prochaines églises ont accepté d'être nos partenaires en mission. Je n'ai plus jamais eu de doute sur le bien-fondé de présenter la vision plutôt que le besoin.

J'ai mal au cœur quand je vois des gens qui ne comprennent pas ce principe. J'ai assisté à des conférences puissantes où j'ai vu avec horreur comment l'Esprit et la puissance se sont dissipés parce qu'on a fait défiler une série de besoins.

Je les ai entendus dire que ce missionnaire a besoin de cinquante mille dollars pour régler son déficit, et qu'un autre a besoin de cinquante partenaires pour mettre fin au calvaire qu'est sa tournée de collecte de fonds, qui dure déjà depuis vingt mois. Les individus présentés comme étant dans le « besoin » baissaient la tête comme des condamnés honteux. Beaucoup avaient l'impression que leur sentiment de dignité se désintégrait un peu plus avec chaque annonce de leur besoin.

Que devrait-on faire si on a un besoin ? D'abord, on devrait partager la vision. Ensuite, on devrait, clairement et brièvement, présenter le plan d'action divinement conçu. Et enfin, on devrait relater comment Dieu a éveillé cette vision en nous, d'où elle nous a fait sortir et où nous pensons qu'elle nous mènera. Si on fait cela, je vous promets que les gens achèteront votre « marchandise ». Ils ne le feront pas tous. Mais, écoutez-moi. Ceux qui ont une idée de l'éternité ne seront pas satisfaits avant qu'ils n'aient pris part à votre douce vision. Si vous leur présentez votre vision divine comme un délice, vous pouvez être sûrs qu'ils en réclameront.

Avoir une vision divinement inspirée vous libère de tout ressentiment envers la personne qui refuse de vous aider. Plutôt, vous êtes enclin à prier pour celui qui est réticent ou incapable de donner, en demandant à Dieu d'ouvrir ses yeux à « l'investissement » spirituel. Parce que vous savez que c'est Dieu qui pourvoira à vos besoins et non l'homme, vous n'éprouvez pas le besoin de dénigrer cette personne à la prochaine étape de votre tournée.

Une vision divinement inspirée vous libère de tout ressentiment envers la personne qui refuse de vous aider.

Oh! que l'on soit bien clair, dans le passé, ce n'est pas que je donnais le nom de l'individu ou de l'église qui avait refusé de m'aider. Tout ce que je faisais était de simplement « témoigner » contre tous les gens matérialistes et égoïstes que j'ai souvent rencontrés. Mais, maintenant que je présentais une vision, j'étais à l'abri de ce cycle vicieux d'attitude négative qui a tendance à corroder le désir des gens d'adhérer au travail que Dieu m'a appelé (et vous aussi) à faire.

Si vous présentez un besoin, il serait étonnant qu'ils s'engagent. Si vous présentez une vision, il serait surprenant qu'ils ne le fassent pas.

En fait, maintenant, j'ai adopté l'attitude que les gens seraient négligents de ne pas investir dans l'Antioche de l'est. Si vous pensez que j'insinue qu'ils ratent la volonté de Dieu s'ils ne soutiennent pas ma vision, ce n'est pas le cas. Je suis simplement libre de laisser Dieu décider ceux qui deviendront mes partenaires. Je sais que je suis en mission pour Dieu, et Dieu ne permettra pas que sa mission échoue.

Je dépends de Dieu, pas des hommes. Donc, si une personne ne m'aide pas, je sais qu'une autre le fera.

Je sais que Dieu n'assigne pas un travail pour après limiter les ressources. Avec chaque vision que Dieu inspire, il inclut et non exclut le succès.

Mes amis, écoutez-moi bien ! Dieu se spécialise dans la réussite, et il est intolérant à l'échec. Il nous fournira tous les alliés nécessaires à l'accomplissement de la vision qu'il a lui-même inspirée. Je suis tout à fait certain de cela.

Et à propos, nous avons achevé notre tournée de collecte de fonds en seulement neuf mois. Cela avait pris plus longtemps que les six mois que j'avais prévus, mais c'était bien plus court que la moyenne de deux ans. Eh oui, Dieu a aussi pourvu un excellent moyen de transport. Un ami intime a appelé juste après que nous avons donné les dix mille dollars et nous a loué sa caravane à un prix incroyablement bas.

Rien n'est plus passionnant que la providence surnaturelle de Dieu, et la vision, non les besoins, est le véhicule qui vous y amène.

Voici comment Jésus me l'a expliqué : « Quand tu te présentes avec ta liste de besoins, voici ce qui arrive. Ceux, à qui tu parles, vont consciemment ou inconsciemment, sortir leur propre liste de besoins. Puis, ils la comparent avec la tienne. Un pasteur pense qu'il faut changer la moquette de l'école du dimanche. Un père se souvient que le technicien lui a suggéré de remplacer la climatisation. Ils écoutent tes besoins et admettent franchement qu'ils sont légitimes, tout comme leurs propres besoins. Leurs besoins sont aussi réels et urgents que les tiens. »

« Si leur motivation de t'aider se limite à ton besoin, les gens choisiront toujours leurs propres besoins avant les tiens. C'est pourquoi, après avoir présenté tes besoins, tu reçois la poignée de main navrée avec l'expression habituelle qui semble dire : ' Je voudrais vraiment vous aider, mais ce n'est pas possible en ce moment .' »

« Mais si vous présentez la vision, elle aura l'effet contraire ; la vision fera oublier aux gens leurs besoins. »

La vision fera oublier aux gens leurs besoins.

Ils voient ce que Dieu fait dans votre vie et ils croient que Dieu vous mène à un endroit passionnant. Vous leur faites comprendre que cette tâche est trop grande pour que vous y arriviez seul. Montrez-leur comment ils peuvent se joindre à vous et investir dans ce projet. Ensemble, vous pouvez faire la différence. Si vous faites cela, vous verrez qu'ils signeront souvent un formulaire d'engagement ou un chèque.

Maintenant, à vous d'essayer. Montrez à vos investisseurs potentiels la vision que Dieu vous a donnée, puis invitez-les à parcourir le chemin avec vous, parce que tout le monde a envie d'entreprendre quelque chose d'intéressant et de significatif. Faites cela, et vous prospérerez dans la zone réglementée.

Chapitre 6
Dieu ne peut bénir l'oisiveté

Quand vous ne faites rien, vous avez la garantie de ne rien recevoir. Dans le royaume de Dieu, on ne parle pas d'addition, mais de multiplication. Dans le cours *Revival 101* (l'abc du réveil), on apprend que tout ce qui est multiplié par zéro fait zéro. Je sais que quelqu'un va poser cette question : « Que faisons-nous des versets qui parlent de rester en place et de regarder la délivrance que l'Éternel va nous accorder ? »

C'est vrai, il y a un temps pour se tenir tranquille. Mais, il y a une différence entre se tenir tranquille et être oisif.

Tant de choses sont inachevées ou inaccomplies parce que nous n'avons même pas essayé. Ce que je vais partager n'est pas biblique, mais à mon avis il y a beaucoup de sagesse dans le dicton de ma grand-mère : aide-toi et le ciel t'aidera. Autrement dit, le pire des échecs est quand la peur nous paralyse au point où on ne veut même pas essayer.

Au début de mon ministère, j'ai passé tant de temps figé par la peur de l'échec, que je n'ai pas fait grand-chose. Ma devise était la suivante : si tu n'es pas sûr à 100 % de ce que tu veux faire, ne fais rien du tout. Je croyais alors que c'était prudent de ne rien faire. Écoutez-moi bien. Ce n'est pas du tout prudent de ne rien faire. Au contraire.

Quand vous décidez de ne rien faire, c'est une décision nulle que vous avez prise. L'univers entier émet des vibrations depuis la plus grande galaxie jusqu'au plus petit atome. Mais décider de rester en position neutre est la recette idéale pour entraîner la dépression, le découragement, la consternation, et un horrible marasme spirituel.

Jésus est le Dieu de l'activité à l'infini, et il tolère à peine l'immobilité. Pendant que je me débattais et j'avais l'esprit embrouillé, Jésus m'a parlé et a éclairé mon esprit d'une lumière révélatrice.

« Steve, tu dois savoir ce simple fait : je ne peux pas bénir ton inactivité. Car en faisant si peu d'effort, tu m'enlèves la moindre occasion de t'éblouir de ma puissance collaboratrice. »

Comprenez une chose. Plus que quiconque, Dieu veut que nous réussissions. Dieu a des milliards de tonneaux de bénédictions débordants, prêts à inonder quiconque fait un pas par la foi. J'imagine des anges responsables de distribuer des bénédictions, leurs seaux à la main et les yeux posés sur nous, disant : « Fais simplement quelque chose. Fais n'importe quoi. Essaie quelque chose par la foi et nous te comblerons d'une bénédiction divine d'une puissance industrielle qui te rendra capable. »

Dans la zone réglementée, le plus petit effort est énormément récompensé. Pourquoi ? Parce que la zone réglementée est la zone des affaires. Le fait que vous êtes disponibles pour les affaires du Royaume est très révélateur aux yeux de Dieu. Il voit que vous avez du courage. C'est ce qu'il recherche. Il recherche aussi le désir.

> *« Car l'Éternel étend ses regards sur toute la terre, pour soutenir ceux dont le cœur est tout entier à lui »*
> *(2 Chroniques 16 : 9).*

Certains pensent qu'ils ne pourront jamais recevoir cette promesse parce qu'ils ne sont pas « tout entier ». La *Bible du Semeur* le dit en ces termes : « dont le cœur est tourné vers lui sans partage. » Aucun d'entre nous ne prétend être parfait, mais plusieurs d'entre nous peuvent déclarer honnêtement que nous sommes complètement engagés envers le Seigneur. Notre engagement total garantira l'implication de Dieu. Il attend avec anticipation de multiplier vos meilleurs efforts, petits ou grands, faibles ou puissants, dès que « vous » entreprenez quelque chose.

L'essentiel est que « nous » fassions le premier pas.

« Approchez-vous de Dieu, et il s'approchera de vous... » (Jacques 4 : 8)

« L'Éternel est avec vous quand vous êtes avec lui ; si vous le cherchez, vous le trouverez ; mais si vous l'abandonnez, il vous abandonnera » (2 Chroniques 15 : 2).

Dieu est à votre service ! Lancez-vous.

Dieu est à votre service ! Lancez-vous. Est-ce que j'encourage l'abandon irréfléchi ? Non. Mais je dis : faites quelque chose !

Quand les enfants d'Israël étaient encore immatures dans leur foi, à leur sortie d'Égypte, Dieu a ouvert la mer Rouge pour eux. Ils n'étaient pas en contact direct avec les eaux parce que Dieu avait tout fait. Cependant, une quarantaine d'années plus tard, quand ils étaient plus mûrs, et sur le point d'entrer dans la Terre promise, Dieu leur a dit que, s'ils voulaient recevoir un miracle, il fallait qu'ils se mouillent les pieds. Les sacrificateurs ont reçu l'ordre de porter un coffre lourd, recouvert d'or, dans les eaux turbulentes du Jourdain. C'était une démarche risquée. Combien de temps allaient-ils pouvoir nager sur place avec quelques centaines de kilos de poids mort pesant sur leurs épaules ?

Ils se sont avancés par la foi. Ils ont tenté leur chance. Quand les plantes de leurs pieds ont touché l'eau, Dieu a fait le reste. Ils ont fait un pas. Dieu a repoussé l'eau. Si vous commencez à avancer vers Dieu, il écartera les obstacles.

Je veux que vous compreniez bien que je ne parle pas d'ignorer la prudence, ou de faire un pari risqué. Je parle de prendre des risques calculés. Je veux dire que vous devez faire de votre mieux pour écouter la voix de Dieu, puis entrez doucement dans l'eau. Vous n'avez pas encore la solution à tout, mais vous savez tout simplement que Dieu vous appelle à l'action. Tâtez donc le terrain. Au lieu de rester à ne rien faire, essayez différentes choses. Certaines marcheront et certaines ne marcheront pas. Mais ne vous laissez pas paralyser par la peur de l'échec. La différence entre le succès et l'échec est d'essayer une nouvelle chose une fois de plus.

Donc, sur une note personnelle, je ne suis certainement pas encore diplômé en la matière, mais permettez-moi de vous montrer ma stratégie d'action, celle que j'ai apprise dans la zone réglementée. Elle commence avec la foi. Un bon ami m'a dit qu'on épelle le mot « foi » comme ceci : R-I-S-Q-U-E. Nous ne pouvons pas demeurer immobiles, mais nous devons faire des pas par la foi, des pas qui nous mèneront à la réalisation des promesses de Dieu.

Première étape : VISUALISEZ — voyez-la !

Dans le domaine naturel et physique, les yeux voient et regardent. Le nerf optique envoie les images au centre de commande, le cerveau. Les images arrivent à l'envers, mais elles sont redressées dans un lobe spécial du cerveau. Ce procédé d'inversion nous donne la perception que l'image est à l'endroit. Sinon, il faudrait qu'on se tienne sur la tête pour voir les choses telles qu'elles sont vraiment.

Dans le domaine spirituel, ce procédé est inversé. Dieu stimule le centre de commande avant que les yeux ne reçoivent un message quelconque. Jésus Christ, le Dieu de toute la créativité, injecte une pensée céleste, une image, directement dans notre cerveau. Par exemple, je me rappelle quand Jésus m'a injecté cette notion folle que notre congrégation philippine de trente personnes deviendrait bientôt trois cents.

À l'inverse du procédé naturel, l'image de l'Esprit ne provient pas de l'extérieur, mais elle est conçue de l'intérieur. Quand l'idée que Jésus vient d'implanter quitte notre cerveau, elle parcourt le nerf optique vers les globes oculaires. À l'opposé des images qui vont de l'extérieur à l'intérieur, les idées inspirées par Jésus sont transportées de l'intérieur vers l'extérieur. Donc, quand l'image créée par Jésus surgit devant nos yeux, elle paraît être à l'envers. Ce que nous voyons paraît impossible et improbable.

Notre perception charnelle voit l'image projetée par Dieu comme si elle venait d'un monde étrange qui est à l'envers !

Notre perception charnelle voit l'image projetée par Dieu comme si elle venait d'un monde étrange qui est à l'envers ! Mais, tout comme notre cerveau naturel corrige la perception pour l'œil naturel, il existe aussi une correction pour la vision que Dieu nous permet de voir dans l'Esprit. La correction de la perception spirituelle se fait par la foi.

La foi corrige notre perception.

La foi prend l'image divine inversée, insensée, et décalée, et la met dans le bon sens. La foi est le miracle de la vision spirituelle. La foi corrige notre perception et nous permet de ne pas voir les choses telles qu'elles sont — impossibles et à l'envers. La foi nous aide plutôt à voir à travers les yeux de Dieu, les yeux de la foi. Si, dans votre recherche de vision spirituelle, tout ce que vous voyez est faisable et facile, ces idées viennent de « vous ». Vous vous basez sur un stimulus externe, en vous disant que vous pouvez y arriver.

Les idées qui viennent de Dieu, ses rêves et sa vision, sont toujours — pas de temps en temps, mais toujours — plus nobles et plus grandes qu'on ne peut l'imaginer. Je vous dis cela afin que vous n'ayez pas peur quand un rêve extravagant et fou vous vient à l'esprit. Au premier abord, vous aurez du mal à voir clairement. Ce sera trop grand, trop difficile, ou trop cher.

Si l'esprit non régénéré et mortel d'un homme peut arriver à concocter une idée hors du commun, telle que s'envoler sur la lune, alors combien plus une idée venant de Dieu sera-t-elle grande et vaste, dépassant même les limites de l'imagination !

Prenez, par exemple, Edison et sa lumière incandescente, Wilbur et Orville Wright avec leur machine volante, Sir Edmond Hillary et son rêve fou de grimper une montagne dont le sommet s'élevait presque à 5 km dans l'atmosphère, et Lindbergh qui croyait pouvoir traverser l'océan Atlantique sur les ailes d'acier d'un oiseau mécanique — à leurs époques respectives, chacun de ces rêves semblait impossible. Si l'homme peut réaliser ses rêves personnels grâce à une détermination inébranlable, à combien plus forte raison, quelqu'un qui aime le Royaume pourra-t-il réaliser un rêve venant de Dieu ?

Tous les grands dirigeants voient à travers les yeux de la foi. Comme Dieu, ils sont capables de voir les choses qui n'existent pas encore comme étant déjà accomplis. Ils les voient avant qu'elles ne soient. Ils peuvent les visualiser en dépit des obstacles, de l'opposition, et de l'antagonisme. Les yeux des dirigeants appelés par Dieu devraient refléter des images conçues dans le cœur créatif de Dieu.

Pendant les trente premières années de ma vie, je pensais toujours que je manquais de créativité. Je n'oublierai jamais le jour où Jésus m'a dit : « Si tu demeures en moi, je te donnerai toute la créativité dont tu as besoin, parce que je suis à l'origine de toute créativité. Je suis le Dieu qui est à l'origine de chaque complexité moléculaire ».

Le Dieu qui a tout conçu et créé — celui qui s'est reposé le septième jour — a choisi, après la création originelle, de limiter tout autre acte de création à un partenariat créatif entre lui et nous. Chaque proposition de projet sur la planche à dessin du créateur, chaque palette de promesse sur le chevalet de l'artiste céleste, et chaque modèle panoramique sur la table du maître-dessinateur, doivent d'abord être reflétés par les yeux d'un mortel myope portant les lunettes correctrices de la foi, sinon, elles ne deviendront jamais une réalité.

La puissance créative de Dieu est limitée par notre vision. Si nous ne la voyons pas, elle ne sera alors jamais vue. En bref, pour devenir un innovateur spirituel, il faut que vous voyiez ce que Dieu voit et que vous le laissiez rayonner à travers vous.

Deuxième étape : VOCALISEZ — dites-la !

La parole est le miracle de deux cordes élastiques étirées à travers un passage par où l'air passe. L'air est propulsé à travers ces bandes élastiques en rythmes contrôlés. Ce relâchement contrôlé donne le son et le volume à la voix. Sans la respiration, sans l'air, sans le souffle, le son ne peut être produit.

C'est pareil dans le domaine spirituel. Sans le souffle de Dieu, sans le vent de Dieu, sans l'Esprit de Dieu, nous ne donnerons jamais une voix à la vision. Pour que le processus de création se produise, nous devons, je le répète, coopérer avec Dieu.

Nous ne pouvons rien faire sans lui, et il choisit de ne rien faire sans nous.

Dieu insuffle de l'inspiration dans l'atmosphère. Nous aspirons le souffle, l'air, l'Esprit de Dieu. C'est son air ; il en est le créateur, l'auteur, et il le rend abondamment disponible. Il fait beaucoup, mais nous avons un rôle à jouer. Nous devons aspirer son idée spirituelle pour pouvoir l'expirer. Dans l'Esprit, tout comme dans le naturel, il n'y a pas de voix sans expiration. Quand nous expirons son air et son inspiration en parlant par la foi, comme des cordes vocales, nous commençons à vibrer avec sa présence. Parmi toutes les créatures terrestres de Dieu, nous sommes les seules dotées du langage. Et Dieu a lié au surnaturel cette expérience humaine unique du langage.

Tout ceci pour dire que vous verrez d'abord la vision venant de Dieu — ses pensées, ses idées. Vous visualisez cette vision, mais ce n'est que le commencement. Dieu l'insuffle en vous par son Esprit. Ensuite, vous devez l'expirer et la vocaliser.

Si vous n'êtes pas prêt à exprimer ce que vous voyez, vous arrêtez alors le processus de création. Sur la voie de la création, il ne suffit pas de voir, il faut aussi exprimer. Voici un dicton à-propos : vous obtenez ce que vous prononcez.

Si vous ne dites rien, vous n'obtenez rien. Certains pensent que tout va bien du moment où nous n'exprimons rien de négatif avec des paroles incrédules. Pas vrai. C'est sûr qu'une mauvaise confession résultera en une « mort » instantanée par peloton d'exécution, mais soyez assurés que ne rien dire est un « suicide » silencieux. Si vous le voyez ou pensez que peut-être vous le voyez, il faut alors que vous le disiez, sinon, la construction ne démarrera jamais. Si Dieu vous aide à visualiser quelque chose, il faut alors immédiatement chercher à trouver des occasions de vocaliser cette vision.

Dans l'art de la pêche, un coin peut paraître grouiller de poissons, mais la seule façon d'en être sûr est de jeter l'hameçon. Commencez à lancer des déclarations appâts : « je crois que Dieu m'a montré », ou « je crois par la foi qu'une telle chose va arriver ». Cela paraît simple, n'est-ce pas ? Mais vous seriez surpris du nombre de gens qui ne vocalisent jamais ce qu'ils voient, pas du tout. Pourquoi ?

Une fois que nous vocalisons la vision, elle n'est plus cachée, à l'abri dans son étui de velours, et nous ne sommes plus les seuls à en avoir connaissance.

Nous pensons que vocaliser notre vision est dangereux. Nous faisons une déclaration publique. Une fois que nous vocalisons la vision, elle n'est plus cachée à l'abri dans son étui de velours, et nous ne sommes plus les seuls à en avoir connaissance. Dès lors, elle est exposée sur l'étagère pour que tout le monde l'examiner attentivement.

Précisément !

Et si les gens pensent que je suis fou ? Pire, s'ils pensent que je suis arrogant parce que ma vision est si grande ? Eh bien ! Joseph, tu ne peux pas raconter ta vision à tout le monde, mais tu ne peux pas garder le silence non plus. Il vous faut trouver quelqu'un en qui vous avez confiance pour vocaliser la vision. Si elle n'est pas exprimée, elle cessera d'être une vision. Les visions non vocalisées s'évaporent dans les rêveries vagues. Les rêveries sont les visions que nous avons ignorées. Les exprimer arrête le syndrome « Un de ces jours ».

Le syndrome « Un de ces jours » vous fait toujours penser : « Un de ces jours, j'agirai, et un de ces jours, je le ferai. » Mais, une fois que vous vocalisez votre vision à quelqu'un, vous vous sentirez forcés, d'une bonne façon, d'agir en conséquence. Vocaliser votre vision vous donne l'occasion de prendre l'important pas suivant — la députation.

Troisième étape : DÉPUTATION — partagez-la !

Une idée qui vient de Dieu sera toujours trop grande pour un seul individu.

Vous avez eu la vision. Vous l'avez exprimée. Maintenant, vous devez la partager. Une idée venant de Dieu sera toujours trop grande pour un seul individu. Elle exigera au moins une équipe, peut-être une armée, pour la mettre à exécution.

Partir en députation consiste à enrôler des gens pour vous aider à accomplir votre vision. Par exemple, dans notre congrégation philippine, j'avais vu une assemblée d'environ trois cents personnes. Au moment de la vision, il n'y en avait qu'une trentaine. Mais j'ai commencé à vocaliser ce que je voyais. Je l'ai exprimé plusieurs fois de plusieurs façons, dans des contextes différents, et ceci pendant plusieurs mois. Nous avons atteint environ la soixantaine, mais on est resté à ce nombre pendant environ deux ans. J'ai continué à exprimer ma vision pour trois cents. La semence était plantée. Les laboureurs savent comment cela marche. Ils plantent et attendent avec patience et confiance. Les fermiers s'attendent à ce que la graine pousse, mais ils savent que cela n'arrivera pas en un jour. Ils comprennent que c'est un procédé — pas aléatoire, mais certain.

Après avoir planté vos paroles, il est toujours important de prier. J'ai donc prié. Tout en priant, je ne négligeais pas d'utiliser ma « bêche ». Dans la prière, je creusais autour des jeunes pousses, tournant la terre pour qu'elle reçoive la lumière purifiante. J'arrachais les mauvaises herbes. Quand les tendres promesses ont commencé à pousser sous la forme de nouveaux convertis, d'autres personnes ont soudain perçu ma vision jusqu'ici invisible.

Mais, voici l'erreur que plusieurs d'entre nous commettent. Parce que la promesse est devenue visible, parce qu'elle s'est matérialisée et les gens peuvent la voir, nous pensons qu'ils se porteront automatiquement volontaires pour s'occuper de la nouvelle récolte. Beaucoup de pasteurs et de dirigeants attendent que des travailleurs se présentent volontairement et spontanément. Cela n'arrivera jamais. Jésus croyait au recrutement et il y croit toujours. Il a recruté des disciples au bord de la mer, au poste de péage, et dans les vestibules de réunion sionistes. Même dans des paraboles, Jésus a enseigné le recrutement.

Dans une parabole, Jésus a raconté l'histoire du propriétaire d'un vignoble dont les vignes étaient mûres et prêtes pour la moisson. Il est donc essentiel d'agir rapidement. Durant les vendanges, même quelques heures comptent, parce qu'il faut cueillir les fruits quand leur saveur et leur texture sont à point. Le besoin du propriétaire est évident et critique. Il lui faut des ouvriers. Remarquez néanmoins qu'il n'attend pas que les ouvriers viennent vers lui ; il va plutôt les chercher. Il part tôt le matin et embauche une équipe pour moissonner les vignes.

Bien vite, il se rend compte que la tâche est trop grande pour la main-d'œuvre déjà embauchée. Les raisins sont en train de pourrir sur la vigne. L'argent tourne en vinaigre avec chaque heure qui passe. Que fait donc le propriétaire du vignoble ? Est-ce qu'il sort son fouet ? Est-ce qu'il crie aux vendangeurs de se dépêcher ? Est-ce qu'il les gronde et les humilie pour le travail inachevé ? Non ! Il s'en va recruter d'autres moissonneurs.

Même après avoir embauché trois fois des moissonneurs, d'autres sont requis. Plus tard dans la journée, avec le temps qui passe, il devient plus crucial d'accomplir la moisson, et l'enjeu est de plus en plus important. Le temps est leur ennemi. Le propriétaire est tourmenté parce qu'il voit le potentiel, mais la main-d'œuvre fait défaut. Les raisins ont contribué à leur part ; ils sont mûrs.

> *« ... levez les yeux et regardez les champs qui déjà blanchissent pour la moisson » (Jean 4 : 35).*

« En fin de compte, soit je trouve plus d'ouvriers, soit je perds cette moisson à jamais », se dit le propriétaire.

Dans son affolement, le propriétaire se précipite dehors pour accomplir sa quête d'ouvriers supplémentaires. Que trouve-t-il ? Des hommes. Des hommes debout. Des hommes oisifs, partout des hommes qui ne contribuent pas à la moisson. Le propriétaire, regardant tous ces hommes oisifs autour de la place, s'irrite de plus en plus. Son irritation est audible. On entend le reproche et le mépris dans sa question.

> *« Étant sorti vers la onzième heure, il en trouva d'autres qui étaient sur la place, et il leur dit : Pourquoi vous tenez-vous ici toute la journée sans rien faire ? » (Matthieu 20 : 6)*

« Pourquoi vous tenez-vous ici toute la journée sans rien faire ? Pourquoi ? Pourquoi ? Pourquoi ? N'êtes-vous même pas un peu au courant que nous sommes dans la saison critique des vendanges ? Ne savez-vous pas que chaque seconde compte ? Qu'est-ce qui ne va pas avec vous ? Ô, laissez tomber. Oubliez que je vous ai posé une question. Il est évident que vous êtes des fainéants. Ça vous est égal. Vous êtes des vauriens et vous ne comprenez rien. »

Combien de fois un pasteur ou un dirigeant n'a-t-il pas éreinté et sévèrement critiqué les saints ayant cette attitude ?

« Vous n'attachez pas d'importance aux perdus ! Vous êtes trop paresseux, trop avides. »

D'après plusieurs pasteurs, ce sont toujours les saints oisifs qui sont la cause du surmenage de leur pasteur déjà épuisé. Parce que les saints ne font rien, les dirigeants en déduisent qu'ils sont les seuls à s'intéresser à l'œuvre de Dieu.

Voici qu'en effet, le propriétaire leur demande : « Quel est votre problème ? » Remarquez la réponse.

« Notre problème n'est pas la paresse. Notre problème n'est pas l'indifférence. Notre problème est que personne ne nous a embauchés. »

« C'est que personne ne nous a loués » (Matthieu 20 : 7).

Le propriétaire, trempé de sueur et haletant, s'écrie : « Quoi ? Il faut qu'on vous le demande. On a de la pulpe violette jusqu'au cou et vous vous tenez là les mains dans les poches parce que personne ne vous a demandé de travailler ! Franchement, vous n'êtes pas sérieux ! »

Les paresseux auraient pu riposter de cette façon : « Eh bien ! Monsieur le propriétaire, c'est comme ça que le programme marche. Si vous avez besoin d'aide, vous allez la chercher. Vous pensez que vous êtes surmené, stressé, et tendu à cause de la moisson. Désolés, ce n'est pas notre faute. Ça fait toute la journée qu'on est ici, dans l'attente que quelqu'un nous embauche. Si quelqu'un est en faute, c'est vous. Vous auriez dû engager et former plus de travailleurs. »

Dirigeants, sachez ceci. Les ouvriers ne vont jamais bénévolement dans un champ pour moissonner. Pourquoi ? Ils ne connaissent pas ce que sera leur salaire. Ils n'ont pas de contrat. Cela vaut la peine de remarquer qu'aucun des travailleurs dans cette histoire, peu importe l'heure de leur embauche, n'a refusé de travailler lorsqu'un salaire équitable leur a été garanti. Aucun n'a préféré l'oisiveté. Avec la promesse d'un salaire équitable, ils étaient tous contents de saisir l'occasion de travailler.

Si jamais vous tentez de vous lancer dans une entreprise qui dépasse vos propres capacités, il va falloir députer, autoriser et superviser quelqu'un.

Sachez aussi ceci : si jamais vous tentez de vous lancer dans une entreprise qui dépasse vos propres capacités, il va falloir députer, autoriser et superviser quelqu'un.

Pour atteindre notre objectif de trois cents âmes, je me suis mis à la recherche de potentiel inexploité. J'ai cherché parmi les timides et les hésitants, et j'ai épinglé un insigne d'ouvrier sur eux. J'ai trouvé des talents récessifs et des énergies latentes et je leur ai attribué une tâche. Je leur ai tellement, et si souvent, parlé de ma vision qu'ils étaient ravis de s'engager comme partenaires dans la moisson. Nous avons ainsi atteint notre objectif des trois cents et avons continué à grandir jusqu'à six cents.

Ne sous-estimez pas la puissance de faire confiance aux gens.

Ne sous-estimez pas la puissance de faire confiance aux gens. Ne sous-estimez pas non plus la valeur de la délégation et du partage.

Je m'en suis rendu compte de sa vraie valeur dans une de nos réunions mensuelles de députation. C'était durant ces réunions que je partageais ce que j'avais à cœur en enseignant une leçon de *leadership*. Bien qu'on l'appelle « une leçon de leadership », en vérité, je déléguais. Dans cette réunion en particulier, nous analysions le succès de notre aide à un pasteur avoisinant à établir un nouveau centre d'évangélisation.

Des fonds ainsi que de la main-d'œuvre avaient été accordés à cette fin, et nous devions décider de la prochaine étape. Cette nouvelle église connaissait bien des hauts et des bas. On ressentait que le problème principal était l'absence d'un véritable chef de fil parmi les fidèles. Le pasteur était un homme très bien, mais surmené. Il faisait tout ce qui était humainement possible. La solution était d'inspirer un « leader » déterminé. Nancy Cargando, la femme de notre pasteur adjoint et une dirigeante extraordinaire, a alors exprimé sa pensée.

« Frère Willoughby, pourquoi ne dites-vous pas à ce pasteur de faire pour ses fidèles ce que vous avez fait pour nous ? »

Dans ma tête, je me suis dit que je le ferais volontiers, mais qu'avais-je fait de si extraordinaire ? Je suis resté plusieurs instants à contempler silencieusement cette idée. Il ne s'agissait pas d'une fausse humilité ; je ne savais pas de quoi elle parlait. Nous avions fait pas mal de choses différentes pendant notre croissance de trente à trois cents fidèles, puis à six cents. Ce que nous avions entrepris avait réussi, cela était évident. Mais, je n'avais jamais vraiment analysé ce que nous avions fait pour y arriver, et à ce moment-là, je n'étais certainement pas en mesure de l'expliquer. Je lui ai donc demandé de me dire ce que j'avais fait, pour que je puisse, à mon tour, dire à ce pasteur d'en faire autant.

Ensuite, une de nos dirigeantes a pris la parole.

« Ce sont les petites choses que vous faites. Je ne pense même pas que vous en êtes conscient. »

J'étais encore plus perplexe, donc elle a continué.

« Par exemple, il y a quelques jours vous nous avez demandé de manger avec vous dans l'aire de restauration. Vous avez ri et plaisanté avec nous et nous avons passé un bon moment. Vous nous avez invitées à nous asseoir et vous avez commencé à nous parler de votre vision. Vous nous traitiez comme des égaux, avec votre respect habituel. Vous nous complimentez pour ce que nous faisons bien et vous nous encadrez en vue de la réalisation de nouveaux projets. Ça se voit que vous nous aimez et que vous nous respectez, parce que votre voix et vos expressions le démontrent clairement. Je ne pense pas que vous vous en rendez compte, mais nous le remarquons. Et nous remarquons ceux qui nous observent. Les passants se demandent pourquoi un homme d'affaires bien habillé est ravi d'être entouré d'un groupe de femmes de ménage et, par-dessus tout, pourquoi il les traite avec autant de dignité. »

À Singapour, il y a un énorme fossé social et économique entre un employeur et une femme de ménage. Plus de cent mille femmes philippines travaillent en tant que domestiques. Beaucoup à Singapour considèrent les domestiques comme si elles étaient invisibles, des entités inexistantes qui ne méritent pas un grand nombre d'interactions sociales. Donc, si quelqu'un les considère comme des personnes dignes d'être utilisées dans le royaume de Dieu, cela leur va droit au cœur.

Une autre dirigeante s'est mêlée à la discussion.

« Parce que vous croyez en nous, vous nous forcez à croire en nous-mêmes. Vous nous donnez l'occasion de faire des erreurs, en nous laissant essayer. Vous nous dites ce que vous voyez en nous. Même si nous ne le voyons pas nous-mêmes, nous essayons de devenir les personnes que vous dites que nous sommes. »

Bien qu'elles n'aient pas utilisé le terme, elles décrivaient ce que c'est d'être délégué.

Je me rends compte maintenant que quelqu'un a agi de la sorte avec moi. Quelqu'un a eu confiance en moi avant que j'aie confiance en moi-même. Pendant longtemps, voici ce qui se passait : de grands hommes de Dieu remarquaient un travail qui devait absolument être fait, puis ils faisaient tout pour me convaincre que j'étais l'homme qu'il leur fallait. Ils ont parlé et ont délégué !

« Je crois en toi, Steve. Tu peux le faire. Tu en es capable. Tu as toutes les capacités nécessaires. Essaye. Tu peux y arriver. »

D'abord, comme Gédéon, je me suis posé la question : « Moi, vaillant héros ! » Bien sûr, je voulais faire quelque chose de grand dans la vie, mais ce n'était qu'un rêve éthéré pour un gars sans talents ou capacités comme moi. Évidemment, je ne voulais pas me tourner les pouces, mais qui allait engager quelqu'un comme moi ?

En fait, il existe des gens ambitieux et autonomes, dotés de motivation. Mais, la plupart me ressemblent assez. Ils n'atteindront pas le prochain niveau à moins que quelqu'un les engage. Il faut que quelqu'un les motive, leur montre une image d'eux en train de moissonner.

Quand les dirigeants ont commencé à m'expliquer les avantages, j'ai commencé à souscrire à leur programme. Ils m'ont expliqué que, plus que quiconque, j'avais l'unique occasion d'influencer la moisson. Ils m'ont expliqué que lorsqu'on fait des efforts pour le Royaume, et qu'on travaille dans la moisson, les bénéfices obtenus sont : estime de soi, satisfaction, objectif et valeur. N'oublions pas non plus les avantages qui ont une valeur éternelle, au-delà de cette vie. Je me suis donc jeté dans la moisson. Et j'ai découvert que la participation était certainement préférable à l'oisiveté.

Bon, je sais ce que certains peuvent penser : tout le monde ne vient pas au bureau d'embauche syndical pour trouver un emploi. Effectivement, beaucoup de gens restent chez eux au lit sous les couvertures, et il n'y a pas de moyen de les faire même grogner. Vous avez raison. Ne perdez pas votre temps à leur sujet. Allez au bureau d'embauche syndical et commencez à recruter !

Cherchez ceux qui sont inactifs. Les fidèles qui participent et se présentent aux activités organisées — ils constituent votre terrain de recrutement. Ne vous inquiétez pas de ceux qui sont chez eux à ne rien faire. De temps en temps, vous aurez une cible spéciale qu'il faudra aller chercher chez eux, mais 98 % de votre députation se réalisera avec ceux qui se tiennent sur « la place publique ».

Allez partout où il y a au moins une petite chance d'interaction et observez de très près. Presque tout le monde fait quelque chose bien, ou mieux que, la moyenne. Souvent, leur talent est camouflé par la timidité, le doute, et parfois même par la pure ignorance de ce talent. Certains sont complètement inconscients qu'ils ont un talent utile, parce qu'eux-mêmes ne l'ont pas encore découvert.

Cherchez la mère au foyer timide qui ne va jamais parler à l'église, mais qui attend tout simplement, désireuse d'être découverte. Elle vient à chaque réunion, elle est toujours là, mais elle ne contribue pas au-delà de sa présence. Lors d'une visite au bureau de son mari, vous remarquez les papiers qu'elle a tapés pour lui. Après le service du dimanche suivant, vous lui demandez :

« J'ai un livre que je vais utiliser pour enseigner. J'y ai souligné certaines choses. Est-ce qu'il vous est possible de prendre quelques jours pour parcourir chaque chapitre et transcrire tout ce que j'ai souligné ? »

« Qui, moi ? Mais bien sûr, avec plaisir. »

« Ce n'est pas urgent, prenez votre temps. »

J'ai fait cela, et vingt-quatre heures plus tard, j'ai reçu le dossier sur mon ordinateur. Après avoir enseigné cette leçon du livre, je lui ai envoyé une carte de remerciement pour lui dire qu'elle avait joué un rôle dans cette leçon qui avait béni l'église entière ! Maintenant, à vous de deviner si elle considère taper des notes pour le pasteur une tâche à redouter ou un objectif satisfaisant.

De nombreuses ressources restent encore inexploitées. Chaque croyant a sa place dans le corps de Christ. Dieu possède « une chaîne de montage » bien complexe. Votre tâche, en tant que dirigeant, est de déléguer, d'autoriser, et de recruter des ouvriers en les aidant à trouver la place qui leur est unique et qui leur convient le mieux dans la « chaîne de montage ». Si vous arrivez à trouver ce qui leur convient parfaitement, ils travailleront de tout leur cœur. C'est aussi simple que cela.

Depuis ma jeunesse, j'ai travaillé très dur pour le royaume de Dieu. Je le fais toujours et je continuerai à travailler de toutes mes forces pour le royaume de Dieu.

Regarde-toi. Tu le fais. Tu travailles dur. Voyons, Élie ! Ne sois pas si pessimiste ; tu n'es pas le seul à vouloir vivre une telle vie. Il y a beaucoup de gens comme toi et moi, prêts à travailler de toutes leurs forces. Ils n'ont besoin que de l'insigne !

Quand Élie avait l'impression que personne n'était comme lui, Dieu l'a confronté avec la vérité :

> *« Mais je laisserai en Israël sept mille hommes, tous ceux qui n'ont point fléchi les genoux devant Baal et dont la bouche ne l'a point baisé » (1 Rois 19 : 18).*

Dieu possède beaucoup de diamants à l'état brut, qui n'attendent qu'à être découverts. Commencez avec ceux que vous avez. Aidez-les à se retrouver. Vous devez être vigilant et attentif. Si vous ne réussissez pas tout de suite, essayez de nouveau. Continuez à travailler avec eux jusqu'à ce que vous trouviez leur place et que vous les rassuriez au sujet de leur « salaire ».

« Fais de ton mieux avec ce que tu as, et quand tu auras fait tout ton possible, je t'enverrai quelqu'un pour t'aider. »

Si « personne » ne se joint à l'équipe, est-ce peut-être parce que vous n'expliquez pas suffisamment bien le salaire et les avantages? Tout le monde n'est pas un aigle, mais quand les aigles sentent le vent, ils veulent s'envoler.

Or vous pensez peut-être : « Je n'ai pas d'aigles ». C'était ce que je pensais, mais Dieu m'a fait une promesse : « Fais de ton mieux avec ce que tu as, et quand tu auras fait tout ton possible, j'enverrai quelqu'un pour t'aider ».

Je le décris de cette façon. Imaginez un élastique tendu à l'extrême, puis juste avant qu'il ne se brise, Dieu intervient. Durant mes vingt ans de ministère à Singapour, je ne me rappelle pas une seule fois où Dieu soit jamais intervenu à mi-chemin. Il semble que Dieu ne me facilite jamais la vie jusqu'à ce que j'aie tout tenté, et même plus.

Ce que je dis n'est pas encourageant ! Eh bien, c'est une question de perspective. Je sais que Dieu désire ma croissance et qu'il étend mes limites, c'est pourquoi, en général, il me fait aller bien au-delà de ma zone de confort. Je suis toujours prêt à recevoir de l'aide bien avant qu'elle n'arrive. Mais quand je suis tendu à l'extrême, je sais que Dieu s'apprête à faire quelque chose de spécial. C'est alors que je m'engage activement dans le recrutement et la députation.

Laissez-moi vous montrer, par un exemple, que ma passion de déléguer et de responsabiliser les gens a déjà porté ses fruits. Il y avait une croyante, tout juste arrivée d'un autre pays, qui avait commencé à venir à notre église. Je savais très peu sur elle, si ce n'est le fait qu'elle envisageait de s'installer à Singapour pour une période indéterminée.

Au cours des six mois suivant son arrivée, elle s'est montrée fidèle aux réunions, mais elle gardait ses distances, elle restait en recul. Puis, quelqu'un m'a dit que cette personne avait quitté un très bon emploi, une belle maison, et beaucoup de confort pour venir à Singapour. J'ai aussi appris qu'elle était très douée et avait eu un très bon salaire en tant qu'administratrice.

Muni de ces informations, j'ai décidé de la recruter. À mon grand plaisir, j'ai découvert qu'en effet elle possédait de grandes compétences administratives. Petit à petit, elle est devenue active dans l'œuvre de Dieu. Peu de temps après, elle est devenue un élément puissant de l'équipe ministérielle.

Quelques mois plus tard, un groupe d'entre nous était parti en mission, et j'étais en train d'expliquer la députation à un pasteur local.

Je lui ai expliqué que parfois je suis assez perspicace et je distingue aussitôt le potentiel d'une personne. Puis, à d'autres moments, une personne douée se trouve sous mon nez pendant six mois, et je ne m'en aperçois pas. J'ai fait référence à ma précieuse administratrice, parce que c'est ce qui s'était passé avec elle. Mais grâce à Dieu, j'ai fini par ouvrir les yeux et je l'ai enrôlée.

Quelques jours plus tard, au cours d'une conversation privée, elle s'est confiée à moi.

« Ce n'est pas votre faute si, pendant six mois, vous n'avez pas remarqué mes compétences. Je les cachais. J'avais déjà essayé auparavant de mettre mes talents au service des autres, et on m'a fait du mal. J'ai tellement souffert que je ne voulais pas retenter mes chances. Mais, votre passion et votre zèle d'amener les gens à un autre niveau, m'ont encouragée à vous révéler mes compétences. À vous entendre, j'avais l'impression que ce serait si stimulant et si satisfaisant, que j'ai voulu prendre le risque. »

Il s'est avéré qu'elle avait beaucoup souffert du fait que ses deux parents étaient morts du cancer. Sa vie avait été difficile. Elle avait essayé d'utiliser ses dons et ses compétences, mais ils n'avaient pas été acceptés, et ses efforts lui ont causé beaucoup de peine. Pour cette raison, elle n'avait pas été pressée de s'impliquer. Toutefois, la vision, beaucoup d'amour, et une députation constante ont pu lui faire changer d'avis.

Au cours des vingt dernières années, ce processus n'a fait que se répéter. Chaque fois que nous nous sommes trouvés au bout du rouleau, faisant tout ce que nous pouvions, tout d'un coup, comme sorti de nulle part, Dieu vient nous secourir en nous envoyant quelqu'un pour nous aider dans l'administration, ou avec les ordinateurs, la musique, ou la vidéo. Et la liste continue.

La plupart du temps, l'aide arrive de façon inattendue. Comme la fois où un ancien drogué et détenu a sonné à ma porte pour me demander s'il pouvait travailler pour l'église, et tout ce qui m'est venu à l'esprit était la pensée : « *C'est vrai que nous avons besoin d'aide, mais nous ne sommes pas encore si désespérés que ça !* »

Le secret pour reconnaître l'aide que Dieu envoie est de regarder à travers les yeux de Dieu. C'est indispensable, parce que ce que nous voyons et ce que Dieu envoie ne concordent pas toujours. Vous rappelez-vous de l'histoire où Samuel a été envoyé pour oindre un roi ? Éliab avait plus l'étoffe d'un roi que David, mais c'est David qui a été choisi.

Donc, que faites-vous quand vous avez désespérément besoin d'aide et un ancien drogué se présente à votre porte, prêt à travailler et demandant un poste ? Est-ce une réponse à la prière ou un cauchemar en gestation ? Comment le saurez-vous ? Utilisez-le ! Donnez-lui un petit emploi, une petite responsabilité et une petite chance. Si cela se passe bien, augmentez ses responsabilités jusqu'à ce que Dieu vous dit d'arrêter. N'utilisez pas votre logique. Qui aurait pensé qu'un ancien drogué à l'héroïne allait devenir mon bras droit à qui j'allais confier des comptes bancaires contenant des centaines de milliers de dollars ?

Vous ne saurez jamais ce qui est possible, à moins que vous n'écoutiez le Seigneur Jésus et que vous épingliez un insigne sur eux ! Vous seriez même étonné de savoir quelles personnes vous aideront à chasser les malfaiteurs, si vous leur offrez un insigne !

Ce qui nous amène à la quatrième partie.

Quatrième étape : RÉALISEZ-la — possédez-la !

Si vous suivez le procédé, si vous la visualisez, la vocalisez, et déléguez, vous la réaliserez, sans exception ! La vision dont vous parlez se réalisera ; c'est à vous de la saisir. Vous vous rendrez compte de combien Dieu veut bénir ses enfants, combien il est grand, et combien il désire notre réussite dans les affaires du Royaume.

Allez-y. Faites-le. Je vous lance le défi. Possédez la promesse, conquérez le territoire dans la zone réglementée, au nom de Jésus !

Chapitre 7
Si vous ne permettez pas au diable de voler votre joie, il ne peut pas garder vos biens

« Le voleur ne vient que pour dérober, égorger et détruire ; moi je suis venu afin que les brebis aient la vie et qu'elles l'aient même avec abondance » (Jean 10 : 10).

Nous venions d'arriver à Urdenetta City, dans les Philippines, pour la croisade *Dream Team* de 2001, avec la plus grande équipe que le *Tabernacle of Joy* n'ait jamais envoyée en missions en ce temps-là. Notre équipe de vingt personnes était en parfaite condition et prête à faire partie de ce qui était, à notre connaissance, la plus importante tentative de propagation du Saint-Esprit.

Nous étions une équipe dont beaucoup venaient de diverses nations, et notre intention était d'envahir les hauts lieux de Satan. Nous étions déterminés à détruire le royaume du diable en lançant une offensive audacieuse du Saint-Esprit dans quarante villes avec des croisades de guérison et de baptême de l'Esprit.

Nous devions nous concentrer sur la tâche à accomplir, et il n'était pas question d'être distraits.

Après une journée entière de voyage, nous étions fatigués à l'arrivée, mais pleins d'enthousiasme. Nous sommes descendus de l'autobus en titubant pour nous rendre dans nos chambres d'hôtel. Nos bagages étaient éparpillés partout à l'intérieur de l'hôtel.

Nancy Cargando s'est éloignée de ses valises pendant un petit moment pour aller au guichet d'enregistrement. Elle ne s'est éloignée que brièvement, mais aussi incroyable que cela puisse paraître, c'était suffisamment de temps pour que quelqu'un vole son sac à main. En un instant, elle et son mari ont tout perdu : passeports, billets d'avion, permis de travail à Singapour, cartes d'identité, et d'autres documents importants.

La perte était catastrophique. Cela prendrait plusieurs jours pour remplacer les documents volés, et bien sûr, les complications et frustrations seraient sans fin.

La nouvelle nous a tous perturbés. Nous venions d'arriver, et le diable essayait déjà de lancer une offensive pour nous intimider. Est-ce que la ruse du diable allait marcher ? Est-ce que cela aboutirait à un cauchemar de panique, d'inquiétude et de frustration ? Comment les Cargando allaient-ils réagir ?

Je sais comment j'aurais réagi si j'avais été à leur place. Géant spirituel que je suis, je redresserais les épaules, je lèverais les bras au ciel, je gonflerais à fond mes poumons et je crierais : « Seigneur, je n'ai pas le temps pour cela. Je suis ici pour m'occuper de tes affaires, pourquoi as-tu donc permis que ces choses m'arrivent ? »

On dit que, dans l'église, les fidèles ne peuvent pas être plus spirituels que leur « leader ». Heureusement pour ceux que je dirige, ce dicton n'est pas tout à fait vrai, car si c'était le cas, ils se cogneraient plusieurs fois la tête contre un plafond spirituel très bas.

Au lieu de réagir comme je l'aurais fait, les Cargando ont fait preuve de sang-froid et de calme. Quand on leur demandait s'ils étaient inquiets, frère Dodjie répondait simplement avec un grand sourire : « Si vous ne permettez pas au diable de voler votre joie, alors il ne peut pas garder vos biens. »

Quand on s'occupe des affaires spirituelles dans la zone réglementée, une très nette puissance est disponible pour ceux qui gardent la joie.

« Vous puiserez de l'eau avec joie aux sources du salut » (Ésaïe 12 : 3).

La joie est le seau avec lequel nous obtenons et puisons la force spirituelle de Dieu. Dieu possède une fontaine de puissance et de ressources spirituelles qui coule éternellement de la source du Calvaire. La force et la puissance sont toujours là à votre disposition si vous avez un seau. Le seau de la joie vous permet de repartir des conventions ou de puissantes réunions de prière à l'ancienne, avec de plus grandes bénédictions spirituelles. Mais, vous avez besoin d'un seau qui n'est pas troué.

Connaissez-vous le secret pour garder un seau en bois en bon état ? Il faut qu'il soit toujours mouillé. S'il sèche, il fuit comme une passoire.

Je me rappelle, quand j'étais gamin, nous conduisions de l'ouest du Tennessee au Mississippi pour aller visiter mon arrière-grand-père. Je n'étais pas un enfant des villes, mais je l'étais assez pour ne rien y connaître sur les puits, ou sur la façon d'y puiser de l'eau. J'avais déjà amorcé et tourné la manivelle d'une pompe chez mes grands-parents, mais tirer de l'eau d'un puits ouvert avec un seau était une chose nouvelle et fascinante à mes yeux.

Dès que l'occasion s'est présentée, je me suis porté volontaire pour puiser de l'eau. En sortant par la porte arrière, j'ai pris la louche qui était dans la bassine. J'allais devoir immédiatement prendre un échantillon de cette eau de puits. Plouf. Une petite tension sur la ligne. Je tourne la manivelle, encore et encore. Comme récompense, j'ai pris une petite gorgée avec la louche. L'eau était glaciale et douce. J'ai glissé la louche dans le seau et je me suis dirigé vers la maison en passant devant mon arrière-grand-père Garrard qui m'avait observé. J'ai versé l'eau dans la cuvette, puis j'ai rapporté le seau au puits.

Plus tard dans la journée, on a eu de nouveau besoin d'eau, et j'étais prêt ! Pendant que je me trouvais au puits, mon arrière-grand-père s'est approché de moi pour me donner une leçon sur le bon usage d'un puits et la procédure à adopter.

« Jeune homme, ce matin j'ai remarqué certaines choses, et il faut que je t'en parle. D'abord, on ne remet jamais la louche, avec laquelle on a bu de l'eau, dans le seau. Personne ne veut que tu mettes tes microbes dans l'eau. Deuxièmement, tu as complètement vidé le seau. Tu l'as laissé à sec. »

Je suis sûr que mon expression lui disait que j'avais besoin de plus d'information s'il voulait que je comprenne sa leçon.

« Tu dois toujours laisser un peu d'eau dans un seau en bois pour que le soleil ne le sèche pas complètement. Les joints d'un seau qui est sec rétrécissent, et le seau commence à fuir. Vas-y, puise un seau d'eau et je vais te montrer. »

Effectivement, quand j'ai tiré le seau jusqu'au bord du puits, il fuyait. Le deuxième seau que j'ai tiré fuyait un peu moins. Le troisième ne fuyait plus du tout. L'eau du puits avait fait gonfler le bois, scellant les joints, et rendant mon seau à nouveau étanche.

Si des circonstances ont dérobé votre joie et vous vous sentez desséché intérieurement, il est fort possible que même si vous versez quelques litres de joie dans votre seau, qu'elle fuie rapidement à travers les fissures.

En fait, un seau qui a longtemps été à sec sera à peine sorti de la présence de Dieu qu'il commencera à fuir ; et le diable vous le reprochera et vous dira que vous perdez votre temps à remplir un seau qui est sec.

Ne vous en faites pas. Ne l'écoutez pas. Il est normal qu'un seau ait des fuites s'il a été sec depuis un moment.

Le secret est de mouiller le seau et de le garder mouillé.

> *« Par lui, offrons sans cesse à Dieu un sacrifice de louange, c'est-à-dire le fruit de lèvres qui confessent son nom » (Hébreux 13 : 15).*

> *« Je bénirai l'Éternel en tout temps ; Sa louange sera toujours dans ma bouche » (Psaume 34 : 2).*

Gardez votre bouche et vous garderez votre joie.

Gardez votre bouche et vous garderez votre joie. Avec les paroles de votre bouche, vous révélerez ou cacherez, vous déclencherez votre bénédiction ou y renoncerez.

> *« On éprouve de la joie à donner une réponse de sa bouche ; Et combien est agréable une parole dite à propos » (Proverbes 15 : 23).*

La version de RSW (Richard Steven Willoughby) énonce le même verset de cette façon : « La joie d'un homme dépend de comment il permet à sa bouche de répondre ». Il nous faut dire ce qu'il faut, et ensuite faire ce que l'on dit. En d'autres termes, nous devons prononcer des paroles de foi avant de pouvoir marcher par la foi.

Certains pourraient dire que c'est hypocrite d'agir de la sorte.

Pas du tout, absolument pas ! Nous devons toujours d'abord proclamer que Dieu subviendra à nos besoins avant qu'il ne le fasse. Nous devons toujours déclarer la délivrance avant que Dieu ne nous délivre. Nous devons toujours annoncer la chose avant qu'elle n'arrive.

Prononcer des paroles de foi est un acte d'adoration absolue. L'adoration est une question de volonté parce qu'elle est basée sur le mérite. Donc, quand je considère son mérite, je prends la décision de l'adorer.

Comme comparaison rapide, considérez que la louange est fondée sur ce que Dieu fait — elle est centrée sur l'émotion et les circonstances. Or, l'adoration est fondée sur qui il est. Parfois, il m'est difficile de louer Dieu quand j'ai l'impression qu'il m'a laissé tomber.

L'adoration est basée sur les faits et non pas sur les sentiments. Il est Dieu. Il est saint. Il est juste. Il est vertueux. Et, il est *amour.* Quand on adore Dieu, on ne fait pas semblant, on met notre foi en action.

Je me rappelle quand le cancer de Barbara est revenu. Après toute la chimiothérapie, tous les vomissements et la diarrhée avec son premier combat contre le cancer du sein, nous ne voulions plus mettre les pieds dans un hôpital. Puis, c'est revenu — le cancer est revenu une deuxième fois. C'était doublement effrayant.

Ils ont trouvé une tumeur dans l'autre sein, celui qui n'avait pas été atteint la première fois. Il y avait aussi une verrue d'apparence sinistre sur son dos et un kyste compliqué sur son ovaire qui paraissait terriblement suspect. Nous avons commencé les traitements quotidiens de radiation qui cuisaient sa peau comme celle d'une pomme de terre cuite au four à micro-ondes.

Elle a été envoyée à « Sloan-Kettering Hospital » à New York, Tandis que les enfants et moi sommes restés à Singapour.

Ce qui m'effrayait le plus, c'était que Dieu semblait silencieux. Je lui posais des questions, mais il ne répondait pas.

J'ai appris que dans la zone réglementée, chaque promesse est accompagnée d'un processus de souffrance.

Je n'arrêtais pas de prier de cette façon : « Mon Dieu, dis-moi juste un mot et je me sentirai mieux. Parle-moi, dis-moi que tout ira bien pour Barbara. »

Elle se trouvait à New York. J'étais presque à l'autre bout du monde. Notre réservoir de joie était à un niveau tellement bas, qu'on la remarquait à peine, cette joie. Et Dieu ne parlait toujours pas.

J'imposais les mains sur les dirigeants de l'église et je ne me permettais pas de penser à la cruauté de notre situation. Je servais les autres en compagnie des autres. Mais, Dieu ne parlait toujours pas.

Puis, un jour, Dieu m'a dit : « Tu m'as demandé de te dire un mot. Tu n'as pas besoin d'une nouvelle parole quand tu en as déjà une ancienne. Quel est le sous-titre de son livre ? »

« *Le parcours victorieux d'une femme dans sa lutte contre le cancer.* »

« Bon, le trajet est un peu plus long que tu ne pensais, mais le résultat sera le même — la victoire sur le cancer ! »

Ceci est devenu notre déclaration de foi durant toute la durée de son second combat contre le cancer. Les apparences importaient peu. La gravité de la situation importait peu. Nous vivions par la parole donnée. Nous croyions en cette parole.

Il m'a dit ce qu'il fallait que je fasse. « Balaie toute la maison. Mets son livre dans chaque pièce. »

Donc, tout au long de son deuxième cancer, ses livres se tenaient dans chaque pièce comme des rappels silencieux. Et notre déclaration de foi est restée : « Victoire sur le cancer ! »

Barbara et moi adorions Dieu, non pas sous le coup de l'émotion ou des circonstances. Nous avons continué à adorer parce qu'il en est digne. Il connaît toujours la fin dès le commencement.

Pendant que nous combattions le second cancer de Barbara, Dieu m'a rappelé qu'il connaît toujours la fin de chaque histoire, peu importe à quel point elle se détériore. Il m'a rappelé comment *Tabernacle of Joy* avait vu le jour, dans *Chinatown Point* qui est notre emplacement actuel au sein de la zone réglementée.

Au cours des neuf premières années à Singapour, l'église n'avait pas son propre bâtiment. Il fallait, à chaque fois, tout installer, puis tout démonter. Semaine après semaine. Emménager et déménager d'une salle de bal d'un des hôtels locaux. Ne jamais avoir notre propre lieu d'adoration commençait à être lourd. À trois reprises, nous avons cru trouver un emplacement, et à trois reprises notre espoir s'est effondré à cause de problèmes de zonage municipal. Mais, nous avons continué à adorer.

Puis, j'ai mis les pieds dans « Chinatown Point ». L'endroit était vétuste et sale comme tous les autres bâtiments que nous avions visités, mais cette fois-ci c'était différent. Dès mon entrée, j'ai ressenti le Saint-Esprit descendre et m'envelopper comme une couverture.

J'ai su que c'était le bon endroit.

La foi s'est emparée de nos cœurs, et nous avons audacieusement offert de payer 20 000 dollars par mois pour un auditorium de 680 places.

Puis, un jour, le téléphone a sonné. J'ai décroché et entendu la voix d'un membre de l'église murmurer : « On ne l'a pas eu. Ils ont accepté l'offre de l'autre église. »

J'ai fait une pause, j'ai inspiré profondément, et j'ai murmuré : « Eh bien, tant pis. Ça veut dire que Dieu nous réserve quelque chose de mieux. »

Quelle réponse spirituelle ! J'étais si fier de moi-même.

J'ai délicatement raccroché et ensuite je me suis écrié : « Pourquoi ? Pourquoi ? Pourquoi ? Seigneur, je ne t'ai jamais demandé pourquoi pendant tout le temps que Barbara était malade. Mais là, j'en ai jusque là (touchant mon menton) des échecs. J'ai fait tout ce que j'ai pu faire. J'ai prié de toutes mes forces. J'ai cru au maximum, et tout cela ne m'a mené nulle part. Pourquoi est-il si difficile de bâtir une église ? Si c'était une taverne que je voulais ouvrir, j'y arriverais en un jour. Si nous avons raison et nous prêchons la vérité, pourquoi nous rends-tu donc la vie si dure ? POURQUOI ? »

Silence. Silence complet.

Puis, Dieu m'a répondu avec nonchalance : « Tu n'es pas le premier à poser cette question. Il y a longtemps, d'autres ont posé la même question. »

Il m'a emmené au Psaume 73, et j'ai lu ces paroles :

> *« Oui, Dieu est bon pour Israël, Pour ceux qui ont le cœur pur. Toutefois, mon pied allait fléchir, Mes pas étaient sur le point de glisser ; Car je portais envie aux insensés, En voyant le bonheur des méchants... Quand j'ai réfléchi là-dessus pour m'éclairer, La difficulté fut grande à mes yeux. Jusqu'à ce que j'aie pénétré dans les sanctuaires de Dieu ».*

Ce chapitre de la Bible a fait résonner les grincements de la manivelle d'un puits tournée par un homme désespéré qui a des mains couvertes d'ampoules, un homme qui était assoiffé de joie.

J'ai continué à lire :

« Dieu est le rocher de mon cœur... Pour moi m'approcher de Dieu, c'est mon bien : je place mon refuge dans le Seigneur, l'Éternel... »

Après avoir lu ce passage et avoir entendu l'écho de mon propre désir, je lui ai demandé : « Alors, quelle est la réponse ? »

« Fais-moi confiance. »

« Fais-moi confiance ! C'est cela, la réponse ? »

« C'est... tout... ce que je te dirai. »

« Tu plaisantes, ou quoi ? »

« Fais-moi confiance. »

Dieu a commencé à s'éloigner de ma réunion de prière, mais au bout de quelques pas, il s'est retourné pour dire ceci : « Au fait, une dernière chose. Ce n'est pas encore la fin de l'histoire. » Puis il est parti avec juste un petit sourire.

Voici le moment où je devais prendre une décision : marcher par la foi ou selon mes sentiments. Allais-je marcher selon sa Parole ou succomber sous les circonstances ?

Je savais ce que Jésus voulait — j'ai appris le secret. *Si je ne permets pas au diable de dérober ma joie, il ne pourra pas garder mes biens.* J'ai donc conservé ma joie. J'ai parlé avec joie. Je n'ai prononcé que des paroles de foi. Et, j'ai reçu mes biens.

Un mois plus tard quand je suis arrivé au bureau, le même membre de l'église qui m'avait communiqué la mauvaise nouvelle au sujet du bâtiment que nous voulions, m'a donné une bonne nouvelle.

« L'autre église n'a pas pris le théâtre. L'agent immobilier veut savoir si nous sommes toujours intéressés. »

« Bien sûr, pourquoi pas ? On le prendra. »

« Mais, vous n'êtes pas surpris. Pourquoi pas ? »

« Parce que j'ai appris que Dieu est le maître-conteur, et il a un don pour l'extravagance. »

J'avais déjà goûté à la tristesse d'une fin négative, quelques semaines auparavant, quand je doutais très fort que nous trouvions un jour un bâtiment pour l'église. Mais aujourd'hui, l'église se réunit dans le bâtiment même qui, au départ, nous avait été refusé.

L'histoire n'allait pas se terminer en tristesse, car depuis que nous nous sommes installés dans l'ancien théâtre, dix personnes en moyenne par semaine reçoivent le Saint-Esprit.

J'ignore l'entièreté du plan de Dieu. Barbara en est à son troisième combat contre le cancer, et moi, je viens d'être diagnostiqué d'un cancer métastatique du cerveau de stade 4. Mais, je sais que Jésus n'a jamais laissé tomber un plan à cause d'un manque de puissance ou de persistance.

En fait, il a promis d'achever le travail qu'il a commencé en nous. Et cette promesse est pour tout le monde. Nous n'échouons jamais parce qu'il n'arrive pas à nous protéger ou parce qu'il manque de puissance — souvenez-vous de ceci, Dieu est plus grand que nos questions.

Pourquoi Dieu choisit-il parfois de prendre, et d'autres fois, de donner ? Pourquoi donne-t-il la vie à certains, mais la reprend-il à d'autres ?

Je ne sais pas.

Mais, je connais par contre son intention. Il récolte une partie de ses bijoux rachetés. Il les rassemble auprès de lui, et nous qui vivions à l'ombre fraîche et confortable de leur présence, en leur absence, sommes projetés dans le soleil de l'action divine, selon le dessein de Dieu.

Nous sommes poussés à assumer leur rôle et à nous présenter dans la lumière de son amour pour que nous puissions prospérer comme jamais auparavant.

Le pin qui est consumé dans l'incendie de forêt n'a pas été en vain. Mais, dans cette ardente fournaise, un phénomène s'est produit qui ne peut se produire qu'à travers le feu : des milliers de graines ont été libérées et une forêt de jeunes pousses renaît parmi les cendres des anciens.

Du feu dévorant vient l'abondance.

Ne laissez pas le diable voler votre joie, et il ne pourra pas garder vos biens. Si vous ne perdez pas votre joie, rien ni personne ne pourra empêcher l'accomplissement de la promesse.

Le pasteur Dodjie et Nancy ont exprimé par la foi ce principe de la zone réglementée, même quand ils semblaient tout avoir perdu. Récupérer leurs biens semblait impossible. Mais, ils ont été récompensés juste quelques heures avant que nous prenions le bus pour nous rendre à l'aéroport.

Nous avons reçu un coup de fil du bureau de l'église de Singapour.

Une dame de Singapour, vivant aux Philippines, a trouvé le sac de Nancy alors qu'elle était assise dans un restaurant près de notre hôtel. Quand elle a regardé à l'intérieur du sac, elle a trouvé des pièces d'identité de Singapour ainsi que d'autres documents importants. Sachant leur importance, elle a appelé notre église à Singapour pour leur dire qu'elle avait trouvé le sac, et elle a laissé son numéro de téléphone.

Immédiatement, Nancy l'a appelée, et il s'est avéré que la dame de Singapour n'habitait qu'à deux cents mètres de l'hôtel où nous étions. Après avoir fouillé son sac, Nancy nous a tous regardés avec un sourire radieux. Tout était là — les billets, les passeports, les permis de travail, tout !

Si vous ne laissez pas le diable voler votre joie, il ne peut pas garder vos biens !

Ne vous en faites pas si vous avez des difficultés et si vous endurez la douleur de la promesse. Regardez vers Jésus.

« *Ayant les regards sur Jésus, qui suscite la foi et la mène à la perfection ; en échange de la joie qui lui était réservée, il a souffert la croix, méprisé l'ignominie, et s'est assis à la droite du trône de Dieu* » *(Hébreux 12 : 2).*

Il a gardé la joie en fixant les yeux sur la récompense. Vous aussi, vous pouvez garder la joie en gardant le regard sur la Parole de Dieu et en exprimant sa promesse pour vous. Et quand tout, et tout le monde, semble être un obstacle, rappelez-vous de ce qu'il dit dans Luc 6 : 22-23 :

« *Heureux serez-vous, lorsque les hommes vous haïront, lorsqu'on vous chassera, vous outragera, et qu'on rejettera votre nom comme infâme, à cause du Fils de l'homme ! Réjouissez-vous en ce jour-là et tressaillez d'allégresse, parce que votre récompense sera grande dans le ciel ; car c'est ainsi que leurs pères traitaient les prophètes* ».

Diable, lâche mes biens ! Crainte, lâche mes finances ! Chagrin et tristesse, relâchez mon salut ! Maladie, laisse aller ma guérison parce que je tourne la manivelle et un plein de joie va en sortir. Je vais garder mes biens !

****

J'ai prêché ce principe de la zone réglementée à l'occasion d'une grande conférence des femmes en Amérique. Le Saint-Esprit a puissamment agi. Le lendemain, la conférence terminée, nous avons remballé dans une valise les articles de notre stand des missions. J'ai fourré l'argent des quelques articles vendus pendant la conférence dans un sac. Étant l'étourdi de la famille, pour une raison quelconque au lieu de prendre le temps de mettre le sac avec l'argent dans la valise avec tout le reste, je l'ai juste posé sur un bagage à main, entre plusieurs autres choses. Notre hôtel se trouvait de l'autre côté de l'autoroute. Nous avons attendu qu'il y ait une interruption dans la circulation pour traverser rapidement la route.

Une fois arrivés dans notre chambre d'hôtel, nous avons commencé à faire nos valises pour aller à notre prochaine réunion à Houston. Le pasteur James Kilgore nous attendait dehors pour nous emmener au *Life Tabernacle* pour les réunions de la fin de semaine. Barbara a commencé à faire l'inventaire de la liste des articles nécessaires pour notre départ. Passeports ? Vérifiés ! Portefeuilles ? Vérifiés ! Le sac avec l'argent ? Le sac ! Où est le sac avec l'argent ?

J'ai cherché. Impossible de le trouver.

J'ai continué à chercher. À contrecœur, je savais que j'allais devoir l'admettre à Barbara. Je lui ai donc dit, « Je n'arrive pas à trouver le sac qui contenait tous les chèques et l'argent liquide de ces deux dernières semaines. »

Nous nous sommes tous les deux mis à chercher le sac, et j'ai commencé à paniquer un peu. « Il n'est pas dans cette chambre. »

Barbara m'a simplement regardé. « Tu as dû l'oublier à l'auditorium. »

« Ce n'est pas possible, j'ai tout vérifié avant de partir. Mais j'y retourne quand même. »

J'ai descendu l'escalier en courant, j'ai foncé vers la sortie pour me trouver face au pasteur Kilgore qui nous attendait, appuyé contre sa voiture.

« Je reviens tout de suite. Il faut que j'aille vite à l'auditorium. »

Toute ma vie, je n'ai jamais pu camoufler mes émotions. Barbara me dit que je suis transparent. Cela dit, je suis sûr qu'au moment où je suis sorti de l'hôtel, je n'étais pas l'image même du calme et du sang-froid.

Le pasteur Kilgore m'a lancé son sourire étincelant bien connu et m'a dit : « Avant que vous ne retraversiez cette autoroute, vous ne chercheriez pas ceci par hasard ? »

Il tenait dans sa main le sac avec l'argent. Soulagé, je l'ai repris avec gratitude.

Puis, le pasteur Kilgore m'a raconté qu'une personne qui était allée à la conférence des femmes, en partant, avait aperçu un sac d'argent sur le côté de l'autoroute. Après l'avoir ouvert et avoir vu notre nom sur un des chèques, elle le lui avait apporté.

Je me suis précipité vers la chambre pour annoncer la bonne nouvelle à Barbara.

Elle a vérifié le contenu du sac. Tout y était. Chaque centime. Non. Attendez. Il y avait plus d'argent. Nous avons compté et recompté. Il y avait plus d'argent qu'avant. La personne qui avait trouvé le sac n'avait pas seulement participé à la conférence, mais elle avait aussi ajouté une offrande généreuse.

Je voudrais croire que moi, le conférencier, j'aurais gardé ma joie au moins aussi longtemps qu'il m'a fallu pour prêcher le message. Mais Jésus, dans son amour et sa miséricorde, venait de me donner une leçon instantanée sur le fait que je devais préserver ma joie pour pouvoir garder mes biens.

Je ne pense pas avoir réussi l'épreuve avec une excellente note, mais cette expérience a eu un impact énorme sur ma vie. J'ai compris qu'à n'importe quel moment, on peut être amené à joindre le geste à la parole.

J'ai appris que c'est ainsi que l'on doit agir dans la zone réglementée : on apprend une leçon, on enseigne cette leçon, puis on est testé sur cette leçon.

Épilogue
Confiant en son amour

Regagnant ma dignité, je me suis péniblement relevé du sol.

Plusieurs semaines plus tard, je me suis rendu compte que les vertiges et les chutes que j'avais eus à la maison indiquaient que Dieu commençait un nouveau chapitre pour moi dans *la zone réglementée*. Au fil des années, Dieu m'a enseigné beaucoup de leçons, mais avoir confiance en son amour est la leçon qu'il est en train de m'enseigner.

La veille de ma chute, après avoir prêché à une importante conférence dans une église en Indonésie, je m'étais senti suffisamment étourdi pour le dire à Roger et « Tiny » White, missionnaires et amis de longue date. Le lendemain, j'ai pris l'avion pour retourner à Singapour. Les vertiges ont continué, mais sans s'empirer. Je devais refaire mes valises pour rentrer aux États-Unis avec ma famille le lendemain matin. Et ce faisant, je me suis penché pour vérifier mes valises quand mes pieds se sont enchevêtrés et je suis tombé.

Ma femme s'est aperçue de la belle scène et a dit : « Ah, *ça*, c'était impressionnant ! »

Je savais que j'allais devoir lui parler de mes vertiges tôt ou tard. Mais j'ai continué à me préparer sans relâche pour le vol de bonne heure du lendemain. Nous avions des engagements pour prêcher aux conférences des missions à Ashburn en Virginie, à Atlanta en Géorgie, et à Manchester dans le Connecticut avant de passer le jour d'Action de grâce avec des bien-aimés à Chicago.

Le jour du départ pour les États-Unis est, en général, difficile pour notre famille. Nous démarrons la journée à trois heures du matin après environ deux heures de sommeil, et à six heures du matin, nous commençons notre voyage de 30 heures, vols et escales compris. Ce voyage n'allait pas être une exception à la règle.

Je me suis enfin endormi à une heure du matin, bagages et famille prêts à partir. Par contre, j'ai commis une petite erreur qui s'est transformée en cauchemar. Je suis celui qui se charge de pointer le réveil, et de calculer le temps nécessaire qu'il nous faudra pour aller à l'aéroport sans trop de stress. Je l'avais fait sans problèmes des dizaines de fois. Mais, cette fois-là, j'ai mal calculé et j'ai mal pointé le réveil. Une fois réveillé, j'ai jeté un coup d'œil à ma montre. Nous étions en retard, vraiment en retard.

C'était la grande panique.

Il y avait du stress et de la mauvaise humeur dans l'air pendant qu'on chargeait et répartissait les bagages et les passagers dans deux taxis. C'était un cauchemar. Nous nous sommes dépêchés, faisant de notre mieux, mais nous avons quand même fini par rater le vol de juste quelques minutes.

Je ne peux pas vous décrire comment c'était, mais après de nombreux gémissements de ma part, et le travail acharné des agents de la compagnie aérienne, nous avons réussi à réserver nos places pour le lendemain matin. Les nerfs à vif, nous sommes rentrés pour tout recommencer le lendemain matin.

J'avais vingt heures devant moi avant le vol. Comme j'avais toujours des vertiges, je me suis dit que je ferais mieux d'aller voir un médecin. J'ai appelé un des fidèles, un administrateur haut placé de l'hôpital *General Hospital* de Singapour, qui a rapidement pu arranger les rendez-vous.

Je suis arrivé pour ma consultation. Ils ont fait une série complète d'analyses et tous les résultats étaient impeccables. Ils ont cependant suggéré un dernier test : une IRM du cerveau. Mais cette IRM ne pouvait se faire que le lendemain.

Je leur ai dit que j'avais un avion à prendre le lendemain, à moins que ce ne soit contre-indiqué.

Finalement, n'ayant rien trouvé de concluant, ils en ont déduit que je devais sans doute avoir une infection de l'oreille interne causant un problème d'équilibre. Ils m'ont donc donné des médicaments pour le vertige et m'ont laissé partir.

Le lendemain matin, nous sommes arrivés à l'aéroport à l'heure. L'enregistrement se passait bien quand, tout à coup, j'ai eu la nausée. J'ai eu un bref étourdissement, donc je suis allé m'asseoir. Au bout de quelques minutes, Barbara ayant terminé l'enregistrement, je me suis levé et je l'ai suivie vers la porte d'embarquement. J'ai remarqué que ma jambe gauche était engourdie, et j'entendais ma chaussure gauche frotter contre la moquette. Je n'arrivais pas à soulever ma jambe normalement, mais je n'ai rien dit. Les médecins m'avaient demandé si j'avais eu des engourdissements et la tête qui tournait, mais je n'en avais pas à ce moment-là. Mais maintenant, oui.

Les passagers embarquaient déjà quand nous sommes arrivés à la porte, donc nous sommes entrés directement dans l'avion. Je n'ai rien dit à Barbara au sujet de mes vertiges et de mon engourdissement.

Au bout de sept heures de vol, nous sommes arrivés à Tokyo, où nous devions faire correspondance. Alors que je me penchais pour sortir mon passeport afin de rembarquer, je suis tombé la tête la première, m'écroulant par terre et cognant ma tête contre un pilier de la barrière en cordage. Allongé par terre, je me suis rendu compte que je ne pouvais pas me lever seul. Les agents de bord se sont précipités pour m'aider à me relever. Barbara a dû leur expliquer mes problèmes d'équilibre avant qu'ils ne m'autorisent à embarquer sur le vol transpacifique.

J'ai pris la passerelle et j'ai eu une brève conversation avec Jésus. « D'après les symptômes, il se peut que ce soit une attaque cérébrale. Est-ce que je monte quand même sur cet avion ? Je ne veux pas m'obstiner, ignorer la réalité, et aggraver les choses. »

La réponse de Jésus était simple. « Ne prends pas une décision par crainte, mais plutôt par la foi. »

Si je dois décider par la foi, alors je monte sur cet avion. Et c'est ce que j'ai fait. Je me suis rendu compte plus tard que c'était bien la volonté de Dieu.

Le voyage s'est bien déroulé, bien que les vertiges n'aient pas cessé.

Nous sommes arrivés un jour en retard. Nous n'avions pas le temps de nous remettre du décalage horaire ; nous nous sommes lancés immédiatement dans notre emploi du temps. Nous avions trois réunions missionnaires en deux jours. J'ai essayé de mener les réunions comme prévu, mais je n'ai pas pu. Barbara a dû conclure deux des réunions et mener la troisième du début à la fin. Il nous restait encore deux conférences à faire.

Comme j'étais l'orateur prévu pour toutes ces réunions, Barbara ne s'était pas préparée à parler ; en plus, il ne faut pas oublier qu'elle faisait face à une troisième réapparition du cancer de stade quatre et suivait un traitement de chimiothérapie. Je ne pouvais pas la laisser prendre ma relève. Donc, quand je me suis réveillé le lundi matin, toujours avec le vertige, je suis allé aux urgences d'un hôpital du coin.

C'est alors que la tempête s'est déchaînée.

Presque immédiatement, ils ont fait une IRM de mon cerveau. Les résultats préliminaires ont révélé que j'avais une hémorragie au cerveau et un gros caillot de sang dans la veine jugulaire gauche. Ils m'ont transporté par hélicoptère à un plus grand hôpital à Washington, DC. À l'arrivée, ils m'ont placé dans une unité de soins intensifs spécialisée en soins neurologiques. Puis, ils ont commencé à faire des tests — beaucoup de tests. Et aucun résultat n'était positif.

On m'a dit que j'avais eu un AVC hémorragique qui provenait d'une tumeur dans la partie supérieure de mon cerveau. J'avais aussi une plus petite tumeur dans la partie arrière du cerveau. J'avais une tumeur au poumon gauche, trois tâches suspectes à l'estomac, une masse sur la cinquième côte du côté droit, ainsi qu'un gros caillot de sang dans ma jugulaire gauche. Ils l'ont appelé un cancer métastatique.

On parle des métastases d'un cancer, lorsque le cancer initialement localisé dans un organe s'est propagé et affecte un ou plusieurs autres organes ; il n'y a rien de plus grave.

Comment pouvais-je avoir un cancer métastatique ? Cela n'avait aucun sens. Je commençais à avoir du mal à faire le tri. Chaque nouvel examen révélait de nouvelles informations qu'il fallait considérer et auxquelles il fallait réfléchir. Il fallait qu'ils opèrent pour enlever la tumeur au poumon, mais ils ne pouvaient le faire avant d'avoir, d'une manière ou d'une autre, enlever le caillot de ma veine jugulaire. Ils ne pouvaient pas me donner des anticoagulants pour enlever le caillot à cause de l'hémorragie dans le cerveau. Tout semblait aller de mal en pis.

Mais, en dépit de tout cela, Chester Wright, un homme de Dieu, conseiller et ami, m'a appelé pour me parler de la part du Seigneur.

Il m'a dit : « Steve, Dieu m'a donné une instruction à ton égard. Avec tout ce qui se passe, avec tout ce que tu penses devoir faire, il n'y a qu'une chose que tu dois faire. Je ne veux pas que tu te soucies de prier et de jeûner. Laisse-nous faire ça. Ne gaspille pas tes forces et ton énergie à t'inquiéter de l'église à Singapour. Laisse-nous faire ça aussi. Je n'ai qu'une instruction pour toi ; tu as un seul devoir et une seule priorité — je le répète, une seule priorité. »

Alors là, laissez-moi vous dire que je me suis réjoui d'entendre cela.

Je ne suis pas quelqu'un capable de gérer plusieurs choses à la fois. Une chose à gérer à la fois me suffit ; donc, quelqu'un me dit que Dieu veut que je ne fasse qu'une seule chose, je me dis que c'est bien — c'est faisable !

Barbara est spécialiste dans l'accomplissement de plusieurs fonctions à la fois. Elle peut être en train d'aider Mikayla avec ses cours tout en écrivant une leçon pour une série d'enseignement ; elle est capable de répondre aux appels des fidèles tout en préparant le déjeuner (et elle ne l'oublie pas sur la plaque chauffante !).

Moi, je ne peux pas faire cela.

Mais, ce que je peux faire c'est me concentrer. Je suis doué d'une grande capacité de concentration.

Barbara l'appelle l'audition sélective. Ce n'est pas cela ; c'est de la concentration.

Barbara entre parfois dans la pièce où je me trouve pour me parler pendant que je suis en train de lire un livre ou de travailler à l'ordinateur. Elle dit plus tard que je lui ai répondu, mais vingt minutes après qu'elle est venue, je ne me rappelle même pas sa présence dans la pièce, encore moins de la conversation que l'on a eue.

Mesdames, écoutez-moi, s'il vous plaît. Votre mari ne vous ignore pas. Il exerce simplement cette capacité que Dieu a donnée aux hommes — la capacité de concentration !

Si vous avez besoin de prière à long terme, il vaut peut-être mieux vous inscrire sur la liste de prière de Barbara. Elle est capable d'intercéder pour vous jour et nuit. Mais, si vous vous trouvez dans une situation pressante et vous avez besoin d'une dose concentrée et intensive de prière, où vous devez toucher Dieu sur-le-champ, vous devriez plutôt faire appel à moi.

Je peux être coriace jusqu'à l'os, et je peux donner du fil à retordre au diable pendant environ trois jours. Je peux vraiment donner des migraines à ce vaurien. Avez-vous besoin de six mois de prière ? Appelez Barbara.

Avez-vous besoin de six minutes de prière ? Appelez-moi !

Donc, quand Dieu a dit que je n'avais qu'une chose à faire, je pouvais franchement dire : « Je suis ton homme ! »

Chester Wright a poursuivi en disant ceci : « Ta seule tâche est de rester confiant en son amour. »

Cela m'avait l'air assez simple, mais je lui ai quand même demandé : « Qu'est-ce que tu veux dire par là ? »

Il m'a donc expliqué : « La ruse de Satan sera la suivante : il dira 'Si vraiment Jésus t'aimait, tu n'aurais pas tous ces problèmes'. »

Il avait raison. C'était exactement ce qui se passait. La peur, comme un vautour, était perchée sur mon épaule et sifflait dans mon oreille : « Tu as donné ta vie, ton amour, et ton argent à un Dieu qui ne t'aime pas ; s'il t'aimait, tu n'aurais pas affaire à tout ça. Pas vrai ? Comment un Dieu d'amour peut-il permettre qu'un mari et sa femme aient tous les deux, en même temps, un cancer de stade quatre quand ils ont encore trois enfants qui dépendent d'eux ? »

Je me demandais quelle était la probabilité que cela arrive dans une même famille. En plus, trois semaines après le début de cette épreuve, pendant que j'étais encore à l'hôpital, j'ai appris qu'on avait diagnostiqué chez mon père le cancer de la prostate.

Oui. La voix de la crainte, comme un tambour battant, essayait de marteler mon cerveau de son message de doute et de désespoir.

Sans aucun doute, plusieurs ont déjà entendu cette voix dont je parle. La crainte vous a dit beaucoup de choses : « Si Jésus t'aimait vraiment, il n'aurait pas permis que tu perdes ton travail ; il n'aurait pas permis que tu aies cet accident ; il n'aurait pas permis que tu subisses cette séparation. Car les gens qui aiment ne laissent pas leurs bien-aimés souffrir. » Mais, je suis en train d'apprendre que nous possédons une arme pour combattre la voix de la peur.

Chester Wright a continué : « Ta lutte est une lutte contre la peur, et beaucoup de gens essaient de vaincre la peur par la foi. Nous, les apostoliques sommes des gens de foi. Nous croyons que nous pouvons avoir n'importe quoi par la foi. Nous savons que nous pouvons obtenir un rapport positif par la foi. Pour cette raison, nous essayons de vivre dans la foi. Nous disons des choses telles que : 'J'ai confiance que tout ira bien. Je continuerai à avoir confiance en Dieu. Je ne vais pas perdre la foi. Je continuerai à parler avec foi. Et par ma foi, je vaincrai la peur.' »

« Non. Nous ne réussirons pas. Ce n'est pas par la foi que nous vaincrons la peur. L'Écriture dit dans 1 Jean 4 : 18 : '*L'amour parfait bannit la crainte*'.

« La seule façon d'anéantir la crainte est de placer notre confiance dans le fait que Dieu nous aime individuellement. Mettre notre confiance en son amour est *notre choix* — et il nous faut *choisir* de rester confiants en son amour. »

Après avoir raccroché, je suis resté allongé sur mon lit d'hôpital, et j'ai prié, j'ai réfléchi aux paroles que Dieu avait prononcées à travers mon ami Chester Wright, et j'ai considéré ce qui se passait dans mon corps.

C'est effrayant quand, à la suite d'un AVC, la jambe gauche s'engourdit et s'alourdit et ne fonctionne plus comme il faut. Puis, tout d'un coup, la jambe droite commence à s'engourdir et à s'alourdir aussi, à tel point que la jambe gauche en mauvais état semble être celle qui, des deux, se porte le mieux. C'est à ce moment-là que ce « chien » de l'enfer agaçant, harcelant, tourmentant, dégoûtant, et rampant vous dit : « Des milliers de gens prient pour toi, mais tu ne vas pas mieux, et ton état s'empire. Dieu ne t'aime pas, Steve. »

Néanmoins, pendant que j'étais allongé sur ce lit, je me suis mis à faire ce que je fais le mieux — je me suis mis à me concentrer. Et j'ai demandé à Dieu de me permettre de voir mon ange. Dans le livre des Psaumes, il est promis aux croyants que des anges leur sont assignés.

> *« Car il ordonnera à ses anges de te garder dans toutes tes voies ; Ils te porteront sur les mains, De peur que ton pied ne heurte contre une pierre. » (Psaume 91 : 11-12)*

Nous lisons de nombreuses interventions angéliques dans les Évangiles et le livre des Actes. Alors, j'ai dit au Seigneur que voir mon ange m'encouragerait beaucoup.

Peu après cette prière, on m'a fait boire environ quatre litres de baryum crayeux et radioactif pour faire une angiographie. J'ai depuis lors une définition différente pour le terme « déchets toxiques » !

J'ai ensuite été placé sur une civière roulante, transporté dans une pièce très éclairée, et transféré sur ce qu'ils appelaient un canapé. Je regardais ce « canapé » — une table en acier inoxydable de 50 cm de largeur, située dans une pièce si froide que j'avais l'impression que le « canapé » était givré. C'était tout sauf un canapé — on aurait dit un congélateur ou une « table confessionnelle pour terroristes » —, mais sûrement pas un canapé !

J'avais senti un courant d'air froid se faufiler dans ma chemise d'hôpital pendant que j'étais sur la civière, mais maintenant on allait m'examiner sur ce canapé. J'ai vite fait d'essayer de refermer le dos de ma chemise d'hôpital !

Le transfert de la civière au canapé s'est fait rapidement. Puis, vroum. Ils sont partis. Voilà que j'étais sur le canapé, les yeux fixés au plafond. J'avais froid et je me sentais vulnérable.

Soudain, j'ai entendu la voix douce et gentille de Jésus me dire : « Tu vois le grand appareil là-haut, près du plafond ? Ton ange se tient juste à côté. Il vient juste d'arriver de la salle du trône où ma présence siège, et peu importe ce qu'on va te faire ou ce que tu vas endurer, il ne te quittera pas. »

Même si je ne le voyais pas, je savais, sans aucun doute, qu'il était là. J'ai été recouvert de paix et de tranquillité. Allongé là et saisi par l'inconnu, je n'éprouvais absolument aucune crainte, seulement de la paix.

Des larmes coulant sur mon visage, j'ai commencé à dire silencieusement : « Quel Dieu magnifique ! Il m'aime à tel point qu'il a bien voulu me montrer où était mon ange. Seigneur, je peux endurer n'importe quoi parce que j'ai confiance en ton amour. Ce n'est pas : « j'espère » ou je « pense » que tu m'aimes. Je « sais » que tu m'aimes. Je peux être confiant. Je te remercie de m'avoir donné l'assurance de ton amour. »

Et depuis ce jour-là, Dieu continue à m'envoyer des gages de son amour qui me rendent de plus en plus confiant, et dans son amour, il continue de me surprendre en renouvelant ses rencontres avec moi.

Peu après, ils m'ont emmené faire une échographie, et le technicien a effectué un examen extrêmement rigoureux de ma nuque. Cependant, à la fin de l'examen, il s'est assis avec un air perplexe. « Est-ce que ça vous dérange si je refais l'examen ? »

« Non, pas du tout ».

Et il a réexaminé ma nuque. « Je ne sais pas ce qu'il y avait là avant, mais il n'y a plus rien. Tout est en ordre. Il n'y a pas de caillot. »

Je l'ignorais à ce moment-là, mais quelque chose s'était passé dans les coulisses. Lee Stoneking, un ami de la famille et un grand homme de Dieu, s'étant rendu compte de la gravité du caillot, avait contacté son groupe d'intercesseurs. Il leur a dit : « La première chose pour laquelle vous devez prier est la disparition du caillot de sang ; donc, concentrez vos prières sur ce sujet. »

Ils ont prié. Et le caillot a disparu !

Après cet examen, on m'a enlevé les chaussettes pressurisées et les moniteurs qu'ils avaient placés sur moi dès mon arrivée. Mon état est passé de critique à stable. Je me suis alors rendu compte de combien ce caillot de sang était un problème sérieux.

Par la suite, les médecins ont commencé à m'autoriser quelques simples plaisirs. Sortir du lit. Me lever. Faire une petite marche. Oh, que cela faisait du bien !

La spécialiste de la chirurgie thoracique est venue pour discuter de l'opération qu'elle allait faire. « Je vais couper un petit bout de votre poumon pour enlever la tumeur cancéreuse. »

Puis elle a décrit l'appareil qu'elle allait introduire pour couper un morceau de mon poumon. Pour me consoler, elle m'a dit que mes poumons étaient assez grands et par conséquent, je n'avais rien à craindre.

« En fait, je pourrais couper un lobe entier, et vous ne verriez pas la différence », a-t-elle ajouté.

« C'est vous qui le dites ! En fait, je préférerais garder tous mes lobes, merci bien ! »

Elle s'est ensuite mise à me taquiner : « M. Willoughby, vos poumons sont particulièrement grands. Des poumons de cette taille sont généralement attribués à des drogués ; et si je ne connaissais pas votre profession, j'aurais suspecté que vous étiez un drogué. Les poumons des drogués sont d'une teinte violette bizarre. Donc, vous devez être conscient du fait que si vous êtes un toxicomane en cachette, je vais vous exposer. »

Des mots très réconfortants venant d'un médecin qui va vous trancher un poumon.

J'ai rarement peur ; mais quand je me suis réveillé dans la salle de réanimation après l'opération, j'étais terrifié. Je ne pouvais pas respirer, et je trouve que c'est plutôt important de respirer.

Je haletais aussi rapidement que possible, mais j'avais toujours l'impression d'étouffer. Donc, quand elle est arrivée dans ma chambre pour la consultation postopératoire, je lui ai demandé si, dans son zèle, elle n'avait pas découpé la moitié de mon poumon au lieu d'un petit bout.

Elle a seulement souri en disant : « Oh, M. Willoughby, nous aurions pu en faire bien davantage. » Puis, elle m'a prescrit une pompe de morphine, mais je pouvais lire sa pensée : « Voyons, mauviette, arrête de te plaindre. Tu as seulement eu trois petites incisions de 7 cm chacune. Les femmes souffrent plus pendant un accouchement que tu ne souffrirais avec dix opérations semblables. »

Après m'avoir branché à la pompe, ils m'ont donné un bouton pressoir en me recommandant de ne pas faire le courageux, mais de prendre le remède contre la douleur quand c'était nécessaire. Je ne suis pas venu à l'hôpital pour devenir un morphinomane, donc je leur ai dit que je n'en aurais pas besoin. Mais les médicaments anesthésiques ont éventuellement perdu leur effet.

C'est alors que je ne pouvais vraiment plus respirer. J'avais l'impression que j'allais mourir. J'ai trouvé le bouton et l'ai pressé de toutes mes forces. Et je suis senti au paradis. L'effet a duré une dizaine de minutes, puis l'effet s'est dissipé. Mais la pompe était réglée et je ne pouvais plus en injecter avant la fin des quinze minutes, peu importe le nombre de fois que je pressais le bouton.

Je me suis donc mis à regarder l'horloge. Quatorze minutes et cinquante-sept secondes. Quatorze minutes et cinquante-huit secondes. Quatorze minutes et cinquante-neuf secondes. Quinze minutes. Et voilà, je suis retourné au paradis.

C'est alors que, pendant que j'étais dans les vapes, Dieu m'a parlé. « Ils m'ont proposé un sédatif, mais je ne l'ai pas pris. Vous, les humains, vous voulez toujours éviter la douleur — moi, j'ai choisi la douleur. Personne ne m'y a forcé. Je suis mort sur la croix parce que je t'aime. J'aurais pu faire appel à des milliers d'anges, mais je suis resté sur cette croix parce que je t'aime. »

Allongé là, j'ai commencé à pleurer en sa présence, éprouvant des remords, sachant que ma vie avait été pour la plupart sans souffrance et que Jésus avait eu une vie remplie de douleur. Il ne s'est jamais désengagé d'une douleur, parce qu'il voulait que vous et moi nous rendions compte qu'il connaît et comprend chaque douleur physique et émotionnelle. Ma petite opération représentait peut-être un dix millième de ce qu'on lui a infligé, et tout cela parce qu'il m'aimait.

Malgré la disparition miraculeuse du caillot de sang, toutes les autres nouvelles, qui ont suivi à partir de ce moment-là, semblaient toujours être à la fois douces et amères.

Après l'opération, on m'a d'abord annoncé la bonne nouvelle : « M. Willoughby, vous n'avez pas le cancer du poumon. La tumeur était suspendue dans une poche entre le cœur et le poumon. »

Puis, on m'a dit la mauvaise nouvelle : « Malheureusement, la tumeur était très délicate et elle s'est désintégrée au toucher. Mais, j'ai fait de mon mieux pour tout enlever de votre cavité thoracique. »

La dernière chose dont vous avez envie, c'est qu'une tumeur éclate et que les cellules cancéreuses se propagent partout. Mais, c'est ce genre de nouvelles que j'ai reçues pendant toute cette semaine-là.

De nombreuses erreurs ont été commises. Ma chirurgienne avait prescrit un TEP-scan, un examen courant pour détecter le cancer dans le corps, mais on ne l'a jamais fait. Je devais suivre un régime particulier et je ne pouvais rien ingérer par la bouche. Mais même au bout de seize heures, ma perfusion intraveineuse n'était toujours pas là. Et on ne m'a jamais donné de stéroïdes qui sont la norme pour une personne dans ma condition. Je ne savais rien de tout cela, mais Barbara, elle le savait.

Des amis sont venus me voir à l'hôpital pour me parler en privé. Ils m'ont dit la tension artérielle de Barbara approchait le niveau où elle risquait un accident vasculaire. Cette hausse de tension était due au stress qu'elle vivait alors qu'elle essayait de m'aider à recevoir les soins adéquats. Puisque Barbara elle-même combattait un cancer en stade 4 et faisait de la chimiothérapie, il était important qu'elle se repose. Ils ont suggéré qu'elle s'évade pendant quelques jours. Nous avons donc pris des dispositions pour qu'elle passe la fin de semaine avec des amis dans le Connecticut.

Pendant ce temps, par miracle, et grâce au travail acharné de multiples gens, j'ai été accepté à l'hôpital *Memorial Sloan Kettering* de New York, classé deuxième parmi les hôpitaux d'Amérique se spécialisant dans le traitement du cancer. J'ai appris plus tard qu'il y avait une période d'attente de six mois pour avoir une consultation, avant de pouvoir être admis dans le programme de traitement du cancer.

Je comprends maintenant que c'était la volonté de Dieu que je prenne cet avion pour les États-Unis. Les traitements offerts par cet hôpital de New York ont rendu mon admission miraculeuse encore plus merveilleuse. Le traitement typique que la plupart des hôpitaux procurent aux patients du cancer du cerveau est la radiation totale du cerveau. Cependant, à l'hôpital *Memorial Sloan Ketting*, un docteur avait découvert une nouvelle méthode permettant une radiation localisée de certaines parties spécifiques du cerveau.

Pauvre, pitoyable, et stupide diable. Il pensait que mes circonstances allaient me convaincre que Jésus ne m'aimait pas. Son plan a eu l'effet inverse. Je ne doute pas de l'amour de Dieu, mais plutôt, je vois des révélations de son amour que je n'avais jamais vues auparavant. Il exprime son amour envers moi de façons sans précédent.

L'amour de Jésus est ce qui chasse ma crainte. Je vois son amour de plusieurs façons et dans tant de choses que je n'ai jamais remarquées auparavant. Rester confiant en son amour est un choix, et je choisis de le faire. La crainte ne peut me tourmenter quand je demeure confiant en son amour.

Au milieu de toute cette situation, il y a eu une autre voix qui m'a parlé, celle de mon ami et collègue dans le ministère, Jeff Arnold.

« Révérend, comment te sens-tu ? »

Je lui ai donc raconté ce que Dieu avait récemment fait.

« Révérend, c'est bel et bien que tu sois dans ce grand hôpital avec tous ces grands médecins, et j'en suis ravi. Mais, il y a un problème. Je ne veux pas que tu aies besoin de médecins et d'hôpitaux. Je veux que tu sois guéri, sur-le-champ. J'ai prié pour des aveugles et ils ont vu. J'ai prié pour des sourds et ils ont entendu. Je fais les mêmes prières pour toi et rien ne se passe. »

Oh non. Non seulement ma vie est un vrai cauchemar, mais voilà que je décourage Jeff Arnold.

Au bout de deux ou trois jours, il a rappelé.

« Je crois que j'ai eu une pensée qui pourrait expliquer ce qui se passe. » Il m'a cité Apocalypse 21 : 5 : « *Et celui qui était assis sur le trône dit : Voici, je fais toutes choses nouvelles.* » Puis, il a déclaré : « Voici ce que Dieu m'a dit. »

Jeff Arnold aime aller à des expositions de voitures anciennes. La plus grande aux États-Unis a lieu en Floride, et cet évènement annuel est marqué sur son calendrier. Non seulement des voitures y sont exhibées, mais de nombreux kiosques sont installés pour faire la publicité des différents aspects de la restauration des voitures anciennes. Les gens qui participent sont tous des spécialistes, plusieurs d'entre eux sont même très qualifiés. La compétence d'un restaurateur peut être très spécifique telle que la restauration des poignées de chrome d'une Ford T-Bird de 1953.

Pendant que Jeff se promenait à travers le labyrinthe des restaurateurs, Jésus lui a parlé. « Jeffrey, tu sais que je suis le tout premier expert en restauration, n'est-ce pas ? Tout a commencé dans la Genèse quand j'ai rétabli l'ordre parmi tout le chaos, et tout se terminera dans l'Apocalypse, quand je ferai toutes choses nouvelles ! Jeffrey, mon peuple a un problème. Le problème, Jeffrey, est que mon peuple veut le soulagement et non la restauration. »

Jeffrey Arnold m'a expliqué la différence : « Révérend, le soulagement est une réduction de la douleur, du malaise ou de la détresse, mais la restauration va au-delà de ça. Elle peut signifier le retour de quelque chose à son ancien propriétaire ou à son ancienne place ou à son ancienne condition, en le réparant ou le rénovant afin de le restaurer à son état d'origine. »

Il a continué : « On dirait qu'en général, l'humanité veut le soulagement. Et nous consentons à prendre des médicaments pour l'obtenir. En fait, on ferait presque n'importe quoi pour être soulagé. Nous voulons nous débarrasser de la douleur, et nous le voulons sur-le-champ ! Nous voulons sortir de nos difficultés, et tout de suite. Nous voulons une solution à chaque problème — hier. Nous ne voulons pas la restauration parce qu'elle prend du temps. Nous ne voulons pas un procédé ou une procédure ; nous voulons simplement que le malaise disparaisse tout de suite. Nous recherchons le soulagement. Mais, Dieu recherche la restauration. »

« Révérend, si tu as une voiture que tu veux restaurer, la première chose à faire est de choisir un restaurateur. Tu ne t'engageras que si tu fais confiance au restaurateur. »

« Tu dois connaître son travail et croire qu'il est en mesure d'accomplir la tâche. Donc, tu dois trouver une personne de confiance. »

« Quand tu apportes ton tacot au restaurateur, il voudra savoir : ' Jusqu'où êtes-vous prêt à aller ? Voulez-vous seulement la faire briller pour qu'on la trouve belle ? Ou bien voulez-vous qu'elle fasse preuve de qualité pour pouvoir paraître devant les juges ? Voulez-vous une restauration superficielle ? Ou voulez-vous qu'on la démonte jusqu'au châssis ?' »

« Révérend, fais attention à ta réponse. La restauration demande du temps et du matériel. Et le restaurateur ne peut pas te dire exactement quand ce sera fini ni combien cela coûtera. Tu ne sauras pas ce qu'il faut réparer avant qu'il ne la démonte. »

« Rappelle-toi aussi que lors d'une totale restauration, ta voiture perdra son identité. Si tu retournes au garage au bout d'une semaine, tu ne reconnaîtras pas ton véhicule. Avec toutes les pièces éparpillées dans l'atelier, elle ressemblera à peine à une voiture. Mais, si tu fais confiance au restaurateur et tu consens à faire l'investissement, tu pourras alors avoir un véhicule parfaitement restauré. »

Plus tard, allongé sur mon lit, j'ai réfléchi à ces paroles. Elles me trottaient dans la tête. Quand Dieu restaurera complètement ta vie, tu perdras ton identité. Tu ne sauras pas combien de temps cela prendra ni combien cela coûtera. Mais, peu importe ce que Dieu fait, tu sais que tu peux lui faire confiance.

J'ai ouvert mon ordinateur pour chercher le mot restauration. À ma surprise, j'ai appris qu'il signifiait le retour au trône d'un monarque héréditaire, ou le retour d'un chef d'État au gouvernement, ou encore le retour au pouvoir d'un régime. Ceci a attiré mon attention, et voici ce que Dieu m'a montré : Adam a vendu son âme à un autre régime, un autre gouvernement. Jésus désire être restauré au pouvoir. Il veut être le Roi de notre vie, et la restauration est le procédé par lequel il établit sa monarchie dans chaque partie de notre cœur.

J'avais maintenant de quoi bien réfléchir. Deux ou trois jours après ma conversation avec Jeffrey, j'étais en train de prier quand Jésus m'a posé cette question :

« Tu ne m'as jamais dit ce que tu avais l'intention de faire au sujet de la restauration. Jusqu'où veux-tu aller ? »

Je n'ai pas répondu aussitôt. Je connaissais la bonne réponse. Je devais seulement avaler ma crainte de l'inconnu et être sûr de ce que j'allais dire. Je ne connaissais (et je l'ignore toujours) ni le coût total ni le temps nécessaire pour l'achever. Je n'avais aucune idée des conséquences de ma réponse, mais je savais ce que je voulais dire. Les larmes aux yeux, j'ai délibérément répondu à celui en qui j'ai mis ma confiance toute ma vie.

Au tout premier restaurateur, j'ai dit : « Démontons-la jusqu'au châssis. »

Je suis en cours de restauration. Je veux plus qu'un polissage pour plaire au public. Je veux être restauré et pouvoir me tenir devant le juge.

Celui que j'aime a déjà commencé à me démonter jusqu'au châssis, éparpillant les pièces.

Lors d'une certaine conférence, *Because of the Times 2009*, j'étais vraiment déçu, parce que je n'arrivais pas physiquement à adorer le Seigneur avec extravagance, dans le style et la manière qui étaient devenus mon habitude. J'étais assis là en train de penser qu'un jeune gars pourrait me voir assis durant l'adoration et penser que je n'étais qu'un vieil homme qui n'avait aucune idée de ce qu'était l'adoration extravagante. Tout à coup, je me suis souvenu que Jeffrey m'avait dit que l'on perd son identité durant la restauration. Pendant que j'examinais mon cœur, je me suis soudainement rendu compte que j'étais préoccupé par la perte de mon identité, car mon identité avait été en grande partie celle d'un adorateur extravagant.

C'est alors que Jésus m'a parlé très doucement et gentiment : « Je vais te donner une nouvelle identité. »

Quel est maintenant le coût total du sacrifice que je dois payer pour rester dans la zone réglementée ? J'ignore le coût total de la restauration comparé au soulagement, mais je sais que je peux continuer à être confiant en son amour. Dieu agira toujours comme il faut envers moi.

Table des matières

Printed in Great Britain
by Amazon

41806054R00096